MANFRED ROGNER

FRÖSCHE

KOSMOS

Frösche – Kröten – Unken
Froschlurche werden in der deutschen Sprache oft trivial Frösche, Kröten oder Unken genannt. Als „Kröten" bezeichnet man dabei Vertreter der 4. Familie (*Bufo-.nidae* – Echte Kröten; Tabelle S. 8). „Unken" haben eine scheibenförmige Zunge und gehören zur 7. Familie (*Disco-glossidae*, Scheibenzüngler). Als Echte Frösche bezeichnet man Vertreter der 20. Familie (*Ranidae*). Die deutschen Bezeichnungen Frösche, Kröten oder Unken haben also keinen „wissenschaftlichen Wert".

Wissenswertes über Frösche

Frösche sind Amphibien

Froschlurche, von vielen Menschen einfach „Frösche" genannt, sind die erfolgreichsten der drei heute noch lebenden Amphibien-ordnungen Blindwühlen (*Gymnophiona*), Schwanzlurche (*Urodela*) und natürlich Froschlurche (*Anura*). Fast neun Zehntel aller bekannten Amphibien sind Froschlurche! Froschlurche, auch Anuren genannt, bevöl-kern fast alle Kontinente, eine Ausnahme bildet die Antarktis. Sie eroberten einst fast

Abgrabungsfläche mit Tümpel. Das grüne Wasser (Wasserblüte) ist ideale Nahrungsgrundlage für Filtrierer.

gewaltige Sprünge bzw. ein schnelles Davonlaufen, -hüpfen oder -segeln (Java-Flugfrosch, *Rhacophorus reinwardtii*). Nach der Art der Fortbewegung werden sie auch von Laien oft in Frösche und Kröten unterschieden, was jedoch systematisch nicht richtig ist.

Lebensräume von Froschlurchen

Es ist kaum möglich, alle Lebensraumtypen der Froschlurche detailliert vorzustellen. Allein in unserer näheren und weiteren Umgebung gibt es eine unglaubliche Fülle möglicher Habitate, wie z.B. Uferbereiche fließender und stehender Gewässer, Moorlandschaften, Sümpfe, Feuchtwiesen (vom Flachland bis ins Gebirge), Küsten- und Strandbereiche sowie Dünen, aber auch Laub- und Mischwälder. Eine besondere Bedeutung kommt ehemaligen Abgrabungsflächen zu, wie Ton-, Lehm-, Sand- und Kiesgruben, aber auch Steinbrüchen u. Ä., in denen heute Zustände geschaffen wurden und werden, wie sie einst entlang der größeren Flüsse, vor allem nach der Schneeschmelze und nach niederschlagsreichen Zeiten, vorherrschten. Der alles regulierende Mensch befestigte jedoch viele Ufer und zwang viele Bäche und Flüsse in vorgegebene Bahnen.

Annähernd unberührte Lebensräume für Froschlurche findet man heute fast nur noch in tropischen Regenwäldern, in sehr weiträumigen Feuchtgebieten und Sümpfen in der Taiga und Tundra, in manchen Steppen-, Halbwüsten- und Wüstenlandschaften, aber auch im Hochgebirge. Zahlreiche ausgedehnte Waldgebiete wurden zu kleinen Restwäldern, da sie der neu geschaffenen Agrarlandschaft weichen mussten. Zwar fanden einige Froschlurcharten auch in der Kulturland-

alle Lebensräume, und noch heute leben einige Froschlurcharten in unmittelbarer Meeresnähe aber auch im Hochgebirge. Selbst in so trockenen, lebensfeindlichen Lebensräumen wie Steppen und Wüsten gelang ihnen die notwendige Anpassung. Wenig verwunderlich ist es, dass sie sich aufgrund ihrer Biologie insbesondere in feuchtwarmen Bereichen ausbreiten und eine Fülle unterschiedlichster Formen bilden konnten. Deshalb sind etwa 80 % aller Froschlurche Bewohner tropischer Regenwälder.

Vergleicht man Froschlurche mit ihren beiden nächsten Verwandten, den Schwanzlurchen und Blindwühlen, so fällt sofort die sehr abweichende Körperform der Froschlurche auf. Ihr Körper ist nicht nur wesentlich gedrungener und kürzer, sondern sie haben auch ausgeprägtere Gliedmaßen. Die Hinterbeine zahlreicher Froschlurche ermöglichen

schaft neu entstandene Lebensräume und konnten stabile Populationen bilden. Ihr Fortbestand ist dort jedoch weiterhin bedroht, da neue menschliche Aktivitäten durchaus auch ganze Populationen auslöschen können. Selbst die offenbar noch wenig beeinträchtigten Lebensräume werden heute von einigen globalen Umweltveränderungen bedroht. Und so manche Froschlurchart stirbt bereits vor ihrer Entdeckung unbemerkt aus.

Froschlurche

Familie	Name Latein	Name Deutsch	Anzahl Gattungen	Anzahl Arten
1	Allophrynidae		1	1
2	Arthroleptidae	Afrikanische Pfeilgiftfrösche	7	74
3	Brachycephalidae	Sattelkröten	2	3
4	Bufonidae	Echte Kröten	34	410
5	Centrolenidae	Glasfrösche	3	125
6	Dendrobatidae	Baumsteigerfrösche, Pfeilgiftfrösche	10	186
7	Discoglossidae	Scheibenzüngler	4	14
8	Heleophrynidae	Gespenstfrösche	1	5
9	Hemisotidae	Schaufelnasenfrösche	1	8
10	Hylidae	Laubfrösche	40	773
11	Hyperoliidae	Riedfrösche	19	233
12	Leiopelmatidae	Schwanzfrösche, Neuseeländische Urfrösche	2	4
13	Leptodactylidae	Südfrösche	50	972
14	Microhylidae	Engmaulfrösche	66	321
15	Myobatrachidae	Australische Südfrösche	23	119
16	Pelobatidae	Krötenfrösche	10	109
17	Pelodytidae	Schlammtaucher	1	2
18	Pipidae	Zungenlose	5	29
19	Pseudidae	Harlekinfrösche	2	3
20	Ranidae	Echte Frösche	44	746
21	Rhacophoridae		10	236
22	Rhinodermatidae	Nasenfrösche	1	2
23	Rhinophrynidae	Nasenkröten	1	1
24	Sooglossidae	Seychellenfrösche	2	3

Auch Tümpel im Gebirge sind Lebensräume von Fröschen.

Frösche in Zahlen

▶ Zur Zeit sind etwas über 4370 Froschlurcharten bekannt, und es werden immer
wieder neue Arten entdeckt.

▶ Der kleinste Frosch ist wahrscheinlich
der Kubanische Zwergfrosch (*Sminthillus
limbatus*) mit nur 1 cm Körperlänge.

▶ Der größte Frosch ist der an den Flüs-
sen Westafrikas lebende Goliathfrosch
(*Conraua goliath*) mit 40 cm Körperlänge
und 3,3 kg Gewicht.

▶ Mit etwa 600 Arten ist die Gattung
Eleutherodactylus die artenreichste.

Systematik der Froschlurche

Die Unterschiede in der Gestalt und Größe
der Anuren sind Ausdruck ihrer Anpassung
an bestimmte Lebensräume und Lebenswei-
sen. So haben sich in ihren unterschiedlichen
Entwicklungslinien auch immer wieder fast
identische Lösungen entwickelt.
Bei der Beschreibung von neuen Arten
beschränken sich die Wissenschaftler nicht
nur auf das äußere Erscheinungsbild
(Morphologie) der Anuren, sondern berücksichtigen in zunehmendem Maße auch ihre
arttypischen Rufe und biochemische Unter-
scheidungsmöglichkeiten. Aufgrund von
gemeinsamen Merkmalen werden in der
aktuellen Systematik derzeit 24 Froschlurch-
familien unterschieden.

Eine Knoblauchkröte Pelobates fuscus am Ende der
Metamorphose. Der restliche Schwanz wird noch resorbiert.

Frösche als Heimtiere

In der Obhut von Terrarianern gibt es einige
Froschlurcharten, die eine besonders große
Fangemeinde haben. An erster Stelle sind
dabei die Pfeilgiftfrösche (*Dendrobatidae*), an
zweiter vielleicht die Laubfrösche (*Hylidae*)
zu nennen.
Ein Begrenzungsfaktor bei der Haltung ist die
Größe, die manche Froschlurche erreichen
können. So ist die Haltung besonders groß
werdender Arten in den meisten Fällen lediglich Zoos vorbehalten.
Weiterhin gibt es Terrarianer, die sich auf die
Haltung und Zucht aquatischer (ständig im
Wasser lebender) Arten, wie Krallenfrösche
oder Wabenkröten, spezialisiert haben.

Für Anfänger besonders gut geeignet sind die
Bombina-Arten. Ihre Haltung und Zucht ist
einfach, sofern man die Tiere im Sommer in
einem ausbruchsicheren Terrarium im Freien
halten kann.
Eine ganz andere Bedeutung können Frösche
für den Menschen vor allem in den ärmeren
Ländern annehmen: Dort gehören Froschlurche auch heute noch zur Nahrung vieler
Menschen. Daher findet man hier Frösche
auf Märkten immer wieder im Angebot.

Eine Kaulquappe mit Hinterbeinen inmitten von Pflanzennahrung.

So entwickelt sich ein Frosch

Schon der Begriff „Amphibien" weist darauf hin, dass diese Wirbeltiere zum Teil auf dem Land, andererseits aber auch zeitweise in einem Gewässer leben. Diese vereinfachte Schematisierung stimmt jedoch höchstens für unsere heimische Anurenfauna. Denn es gibt Amphibien, auch Froschlurche, die nie ein Gewässer aufsuchen können. Ihre Entwicklung vom Ei zum fertigen Lurch (Metamorphose) vollzieht sich vollständig innerhalb der Flüssigkeit ihrer Eihüllen (z.B. einige Eleutherodactylus-Arten). Genau genommen findet die Entwicklung also auch bei diesen Amphibien im Wasser statt. Froschlurche unterscheiden sich nach der Umwandlung von der Larve zum adulten Tier von den übrigen Amphibien vor allem durch das Fehlen eines Schwanzes. Da auch Froschlurche eine ausgeprägte Metamorphose mitmachen, muss man bei der Beschreibung ihres Körperbaues ihre verschiedenen Entwicklungsstufen berücksichtigen

Froschlurchlarven (Kaulquappen)

Aus dem befruchteten Ei eines Geleges entwickeln sich in Abhängigkeit von den Außentemperaturen langsam oder relativ schnell Larven. Ähnlich wie Fische atmen sie durch Kiemen, rudern mit einem kräftigen Schwanz und besitzen mit ihrem „Seitenlinienorgan" ein recht empfindliches Sinnesorgan. Auch ihre inneren Organe gleichen noch denen der Fische. Bei uns werden die Froschlarven als „Kaulquappen" bezeichnet.

Viele Kaulquappen ernähren sich zu Beginn mit Hilfe eines großen Kiemenkorbes als innere Filtrierer. Später raspeln sie mit kleinen Hornzähnchen feine Algen ab oder weiden mit umgedrehtem Körper an der Unterseite der Wasseroberfläche. Als Pflanzenfresser besitzen Kaulquappen einen langen, spiralig gedrehten Darm.

Vom Wassertier zum Landtier: Die Metamorphose

Irgendwann hat die Froschlarve ihr Endstadium erreicht und die Umwandlung zum Frosch beginnt. Das Ende des Larvenstadiums wird von Froschlurchlarven sehr unterschiedlich schnell erreicht. Es ist zum einen von den Temperaturen, zum anderen aber auch von der jeweiligen Art abhängig. Das wirklich Faszinierende bei der Aufzucht von Froschlarven ist, dass man im Zeitraffer den Evolutionsprozeß der Landwirbeltiere erlebt. Statt der Fortbewegung mit Brust-, Bauch- und Schwanzflossen wird nach Abschluß der Metamorphose eine Fortbewegung mit den neu entstandenen vorderen und hinteren Gliedmaßen möglich.

Statt der nur im Wasser möglichen Kiemenatmung erfolgt nun eine vom Wasser unabhängige Lungenatmung. Mit einer Einschränkung: Die Lungen vieler Anurenarten sind nicht so weit entwickelt, dass sie nur allein mit diesen auskommen. Bei ihnen wird die dünne Haut als weitere Oberfläche genutzt, mit der ein Gasaustausch CO_2/O_2 erfolgen kann. Darum muss die Haut dieser Froschlurche auch immer leicht feucht sein.

Der Bauplan der Froschlurche

Körperbau

Alle Froschlurche sind relativ leicht als solche zu erkennen. Bereits früh in ihrer Entwicklungsgeschichte nahmen sie eine Gestalt an, die der hüpfenden Fortbewegung offenbar optimal angepasst war: Ihre Knöchel sind verlängert, sodass sie gemeinsam mit dem Oberschenkel (*Femur*) und dem Unterschenkel (*Tibia*) den Hinterbeinen beim Sprung einen mechanischen Vorteil verleihen (Hebelwirkung). Zusätzlich sorgt die kurze, ziemlich starre Wirbelsäule mit ihren nicht mehr als zehn Wirbeln und dem anschließenden, aus verschmolzenen Schwanzwirbeln gebildeten knöchernen Stab (dem Cocygium, die *Os coccygis*) für die notwendige Stabilität. Rippen besitzen nur die urtümlichen Froschlurche; diese darf man aber nicht mit den oft sehr langen Querfortsätzen verwechseln.

Haut und Hautgifte

Die Haut der Froschlurche besteht aus der Unterhaut und einer mehrschichtigen, meist verhornten Oberhaut. Sie wird von Zeit zu Zeit in Fetzen abgestreift und oft von den betreffenden Anuren verzehrt.

Vor allem die Unterhaut ist mit vielen Drüsen ausgestattet. Ihre Sekrete halten die Haut feucht und bewahren sie vor dem Austrocknen. Gleichzeitig ermöglichen sie den Tieren auch den besagten Gasaustausch (Hautatmung). Bei Amphibien unterscheidet man grundsätzlich zwei verschiedene Drüsentypen: Körner- oder Giftdrüsen und Schleimdrüsen.

Phyllobates vittatus, **ein Vertreter der Familie der Pfeilgiftfrösche** (Dendrobatidae).

Bei vielen Arten, vor allem jedoch bei Kröten (*Bufonidae*) befinden sich besonders in der Ohrregion auffällige Giftdrüsen. Sie sind dort als deutlich abgehobene Wülste erkennbar und werden Parotoiden genannt. Bei Pfeilgiftfröschen (*Dendrobates*, *Phyllobates*, u. Ä.) sind die Giftdrüsen über große Körperabschnitte verteilt.

Die Wirksamkeit der Gifte

Die Wirkung der Froschgifte ist sehr unterschiedlich. Meist handelt es sich um Alkaloide ohne Proteinkomponenten. Ihre Aufgabe besteht insbesondere darin, die Tiere vor lästigen Hautparasiten zu schützen, aber auch vor Fressfeinden. Als eines der stärksten Gifte gilt das von Pfeilgiftfröschen (*Phyllobates*) produzierte Batrachotoxin.

Durch Batrachotoxin wird der Transport von Natriumionen durch äußere Zellmembranen beeinflusst, das elektrische Membranpotential der Zellen bricht zusammen. Muskel- und Nervenzellen werden so funktionsunfähig und es kann je nach Dosis zu Herzrhythmusstörungen bis hin zu Herzversagen kommen. Gelangen etwa 200 µg in den menschlichen Blutkreislauf (kleine offene Wunde), so soll diese Dosis bereits tödlich wirken. Bei den meisten *Phyllobates*-Arten wird Batrachotoxin jedoch nur in geringen Mengen produziert.

Das O-Methyl-Bufotenin, das sich im Sekret der Coloradokröte (*Bufo alvarius*) befindet, ist ein starkes Halluzinogen. In geringen Dosen führt es zu verändertem Erleben von Zeit und Raum, in höheren Dosen zu Halluzinationen oder Persönlichkeitsspaltungen. Das gleiche gilt auch für das Sekret in der Haut der Agakröte (*Bufo marinus*).

Die Hautgifte vieler Froschlurche sind noch wenig erforscht und könnten möglicherweise bei der Herstellung von Medikamenten eine Rolle spielen. Zumindest von den so genannten „Pfeilgiftfröschen" ist selbst Laien oft bekannt, auf welche Weise sie bei der Jagd Verwendung fanden und bei einigen Naturvölkern auch heute noch finden.

Farbgebung

In der Unterhaut vieler Froschlurche befinden sich Farbzellen (Chromatophoren) mit gelben, dunkelbraunen, oft auch weißen und roten Farbstoffen. Diese Farbträger sind in der Lage, sich auszubreiten oder zusammenzuziehen und so eine Farbänderung zu bewirken. Sobald sich z. B. die dunkelbraunen Farbträger ausbreiten, wird das Tier dunkler, ziehen sie sich zusammen, hellt die Färbung auf. Die Farbwechsel werden von bestimmten Situationen ausgelöst oder können jahreszeitlich bedingt sein. Hormone übernehmen dabei eine Schlüsselrolle.

In der Haut bilden sich – neben den echten Farbstoffen – auf physikalisch-optischem Weg durch Lichtbrechung auch Strukturfarben. Auf diese Weise entsteht zum Beispiel das satte Grün vieler Laubfrösche (gelbe Farbkörperchen und eine blaue Strukturfarbe ergeben den optischen Eindruck von Grün). Ein Albinolaubfrosch ist daher auch nicht weiß gefärbt, sondern blau, da ihm die gelben Farbpigmente fehlen. Albinounken sind zwar gelblichweiß gefärbt, jedoch bleibt die je nach Art rötliche oder gelbe Färbung der Bauchseite erhalten.

Unken (hier eine Chinesische Rotbauchunke Bombina orientalis) nehmen bei Gefahr die typische Kahnstellung ein.

Albinismus

Aufgrund von Spontanmutationen kann es bei allen Arten zum Auftreten von Albinismus kommen. Es handelt sich dabei um eine genetisch bedingte Pigmentstörung. Dabei wird das für die Pigmentsynthese nötige Enzym Tyrosinase entweder gehemmt oder fällt ganz aus. Albinos erscheinen meist ungefärbt weiß oder aufgrund des durchscheinenden Blutes rosa. Dabei kann der Pigmentmangel entweder das ganze Tier betreffen oder nur gewisse Körperpartien.

Tarnen und Warnen

Bemerkenswert ist die Tarntracht vieler Froschlurche, die durch Färbung und Zeichnung in ihrer Umgebung völlig aufzugehen scheinen. Aber auch die auffälligen Farben (z.B. Pfeilgiftfrösche) zeigen uns die

Nicht zu übersehen: die Schallblase dieses Europäischen Laubfrosches.

T I P P

Lärmbelästigung?
Erkundigen Sie sich bei der Wahl der Froschlurche auch nach ihrem Rufvermögen. Die Rufe mancher Arten sind so laut, durchdringend und nervtötend, dass Sie eventuell mit Ihren Wohnungsnachbarn oder Vermietern Probleme bekommen könnten.

Anpassungsfähigkeiten dieser Wirbeltiere. Zum einen können die prächtigen Farben als Warnfarben dienen, zum anderen aber auch als Signalfarbe für Artgenossen, die auf der Suche nach einem Partner sind. Von den Unken (*Bombina*) ist bekannt, dass sie bei Gefahr die Gliedmaßen hoch und den Rücken hohl biegen, sodass ihre auffällige gelbe, orange oder rote Bauchfärbung sichtbar wird. Dieses, als „Kahnstellung" bezeichnete Verhalten zeigt übrigens auch das Schwarzkrötchen (*Melanophryniscus stelzneri*). Was bei den grauen, braunen oder grünen Farben sofort einleuchtet, wird bei den auffallenden roten, gelben oder blauen Farben mancher Frösche oft nicht erkannt: Auch diese Färbungen können der Tarnung dienen. In den Lebensräumen dieser Frösche sind oft auch die leuchtenden Farben vorhanden, zwischen denen die isoliert betrachtet zwar auffälligen Baumsteiger-, Blattsteiger- und Pfeilgiftfrösche aber durchaus auch gut getarnt sind.

Rufe

Das Rufvermögen der Froschlurche ist unter den Amphibien etwas ganz Besonderes. Bei vielen Männchen kann man bei ihren Rufen Schallorgane in Form äußerer oder innerer Seiten- bzw. Kehlresonanzblasen erkennen. Es handelt sich dabei um Ausstülpungen des Mundhöhlenbodens. Äußere Schallblasen treten in aufgeblasenem Zustand bei unseren heimischen Froschlurchen kehlständig (sehr auffällig z.B. bei der Kreuzkröte (*Bufo calamita*) oder hinter den Mundwinkeln (z.B. bei Grünfröschen) hervor. Bei mittelamerikanischen Laubfroscharten kann man dagegen vier Schallblasentypen unterscheiden. Innere Schallblasen findet man bei der Rotbauchunke (*Bombina bombina*) und beim Grasfrosch (*Rana temporaria*), um Beispiele zu nennen. Die Rufe der Froschlurche sind Gegenstand wissenschaftlicher Forschungen. So konnte man mit Hilfe von Oszillographen nicht nur die arttypischen Rufe fixieren, sondern bei einzelnen Arten auch noch verschiedene Ruftypen unterscheiden (Territorial-, Paarungs-, Befreiungs- und Schreckruf). Gleichzeitig helfen sie außerdem bei der Beantwortung systematischer Fragen.
Die Frequenzen der Froschlurchrufe reichen bis etwa 8000 Hz. Sie sind nicht immer gleich bleibend stark, sondern setzen sich aus mehreren Frequenzen und deren Oberwellen zusammen. Aber nicht alle Froschlurche sind zu Rufen fähig, bei vielen Arten sind es nur die Männchen.

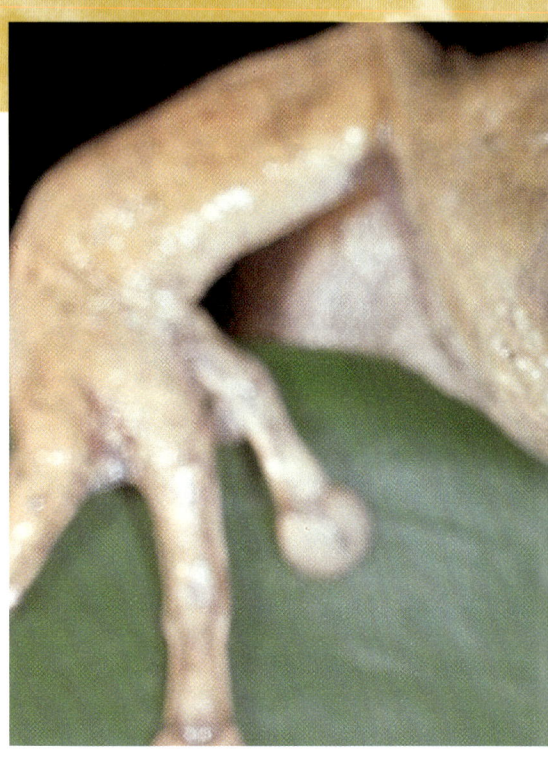

Die Sinne der Frösche

Sehvermögen

Alle Froschlurche sind in erster Linie optisch
orientiert. Ihre Augen sind deshalb meist
recht groß und ragen häufig weit aus ihren
Höhlen hervor. Je weiter die Augen hervor-
treten und je größer sie sind, umso weiter
ist auch das Gesichtsfeld. Das untere Lid
können sie im Gegensatz zum oberen Lid
frei bewegen. Es besitzt zusätzlich eine
durchsichtige Nickhaut.

Die Pupille kann bei Froschlurchen recht
unterschiedlich geformt sein. Bei den meis-
ten ist sie waagerecht oval, bei einigen
senkrecht oval, bei anderen mehr dreieckig.
Obwohl einige Arten eine leuchtend gefärbte
Iris haben, hebt sie sich bei den meisten
Arten nicht sonderlich von der übrigen
Gesichtsfärbung ab.

Die Augen der Frösche dienen vor allem der
Wahrnehmung von Bewegungen. Farben können Froschlurche offenbar nicht erkennen.
Manche Anuren besitzen oben auf dem Kopf
noch ein weiteres Lichtsinnesorgan, das
Pinealorgan. Es ist manchmal als blasser
Fleck erkennbar und scheint bei der Orientie-
rung nach der Sonne und bei einigen anderen Lichtreizen eine Bedeutung zu haben.

Geruchsinn

Zur geruchlichen Identifizierung möglicher
Beute und geeigneter Brutstätten (chemische
Unbedenklichkeit) dient nicht nur das
Geruchsorgan in der Nase. Auch das davon
getrennte, aber in ähnlicher Weise funktionie-
rende Vomeronasalorgan hilft bei der Wahrnehmung von Gerüchen.

Gehör

Bei der Territorialabgrenzung (Revierrufe)
und bei der Suche nach einem
Geschlechtspartner hilft das gute Gehör.
Dabei ist das Trommelfell (*Tympanum*) der
wichtigste Rezeptor. Diese Membran, die
sich über einem ovalen oder runden knorpeli-
gen Ring hinter dem Auge befindet, überträgt
die Schallwellen über einen Knochenstab
(*Columella*) auf das Innenohr. Hier werden
sie von schallempfindlichen Zellen registriert
und ausgewertet. Bei manchen Froschlurcharten kann das Trommelfell auch unter
der Haut verborgen sein oder ganz fehlen,
bei etlichen Arten haben die Männchen ein
etwas größeres Trommelfell als die
Weibchen.

Das Verhalten
der Frösche

Frösche sind Bewegungsseher – sitzt die Beute still, wird sie nicht wahrgenommen.

Aktivitätszeiten

Die Aktivitäten der Frösche hängen zum einen von den Umgebungstemperaturen, zum anderen von der Tageszeit ab. Ein weiterer wesentlicher Faktor ist die Luftfeuchtigkeit. So sind einige Arten überwiegend tagsüber, andere grundsätzlich nachts aktiv. Manche Arten trennen die Aktivitätszeiten nicht so streng und können sowohl tagsüber als auch in der Nacht auf Beutefang, Partner-suche oder die Suche nach einem anderen geeigneten Lebensraum gehen.

Stimmen die äußeren Faktoren nicht, verharren die Anuren so lange in einem geeigneten Versteck, bis sich die Bedingungen wieder verbessert haben. Dies kennen wir nur zu gut von unserer heimischen Froschlurchfauna, die an einer frostsicheren Stelle eine Winter-starre einlegt.

Ein schlafender Laubfrosch – die Gliedmaßen sind dicht an den Körper gezogen, um sie vor zu großer Hitze zu schützen.

Winterstarre

Unsere heimischen Froschlurche kommen nach der Winterstarre aufgrund der steigenden Außentemperaturen wieder aus ihren Winterquartieren – und kurz darauf beginnt für sie auch die Fortpflanzungszeit. Das Aufwachen aus der Winterstarre ist bei unseren heimischen Froschlurchen jedoch zeitlich recht unterschiedlich. Während Grasfrösche (*Rana temporaria*) und Erdkröten (*Bufo bufo*) bereits Ende Februar oder Anfang März an den Laichgewässern eintreffen oder auf dem Weg dorthin sind, warten Unken, Geburtshelferkröten, Laubfrösche, Grünfrösche, Kreuz- und Wechselkröten damit noch länger, bis zum Mai.

Zwar entfällt bei tropischen Fröschen eine Winterstarre, sie haben aber ebenfalls ein artspezifisch breit gefächertes Aktivitätsrepertoir. Dies wird bei ihnen vor allem durch die jahreszeitlich unterschiedlichen Feuchtigkeitsgrade des dortigen Klimas beeinflusst.

Hitzeschutz

Wer einmal einen Laubfrosch oder anderen baumbewohnenden Froschlurch bei Tage in der prallen Mittagssonne sitzen sah – bei Temperaturen um 40 °C –, wird sich verwundert gefragt haben, wieso das Tier nicht innerhalb kürzester Zeit vertrocknet. Achtet man jedoch einmal genauer auf die Körperhaltung des Tieres, fällt auf, dass nur die

glatte Rückenpartie den Sonnenstrahlen zugewandt ist. Die dünnen Gliedmaßen wurden rechtzeitig unter den Körper gezogen. Häufig wird das betreffende Tier auch wesentlich heller: Die Strahlen werden dadurch besser reflektiert. Und oft entgeht einem, dass die Bauchseite des Frosches durch die zirkulierende Flüssigkeit unterhalb seines Sitzplatzes (Ast, Zweig, Blatt etc.) gekühlt wird.

SCHUTZFILM Bei einigen Makifroscharten (*Phyllomedusa sauvagei, P. iheringi, P. pailona, P. hypochondrialis*) konnte man in der Haut traubenartig gebaute (alveoläre) Drüsen nachweisen, die Lipide produzieren. Diese Substanzen, bestehend aus einer Verbindung von Fetten und Eiweißen, findet man auch im schützenden Wachsmantel bei manchen Früchten. Die genannten *Phellomedusa*-Arten reiben vor Beginn des Tagesschlafes mit ihren Vorder- und Hintergliedmaßen sorgfältig jene Körperfläche mit dem Drüsensekret

ein, die später dem Licht (Sonne) ausgesetzt ist. Hierdurch entsteht auf ihrer Hautoberfläche ein unsichtbarer, wachsartiger Schutzfilm, der die Verdunstung von Körperflüssigkeit während der Tageshitze erheblich einschränkt. So können manche Makifrösche, wie z.B. *P. sauvagei,* den ganzen Tag schlafend auf einem Zweig verbringen.

ERDVERSTECK Die Schaufelfüße der Gattung *Scaphiopus* leben in den sehr trockenen Regionen Nordamerikas. Sie umgehen die Gefahr des Austrocknens dadurch, dass sie den größten Teil ihres Lebens unter der Erde verbringen. In ihrem Lebensraum regnet es nur sehr selten einmal ausgiebig, deshalb haben die Schaufelfüße keine zeitlich festgelegte Fortpflanzungszeit. Sie müssen aber allzeit bereit sein. Denn wenn es endlich einmal richtig regnet und die Erde vom Wasser durchtränkt wird, müssen sie die Gunst der Stunde nutzen: Sie graben sich sofort an die Oberfläche und ihre Laichzeit beginnt.

Beutefang

Mit den Augen verfolgen Froschlurche erst
einmal eine in Frage kommende Beute und
warten darauf, dass diese in ihren Fangradius
eindringt. Dieser Radius wird durch die Fort-
bewegungsmöglichkeit bestimmt. Ein lang-
beiniger Laubfrosch kann weite, gezielte
Sprünge ausführen, um mit seiner klebrigen
Zunge eine Fliege zu fangen. Eine kurzbeini-
ge Kröte hüpft oder läuft manchmal schnell
auf allen vieren zu einem Wurm oder Insekt,
um danach zu schnappen. Unken nehmen
im flachen Wasser die leichten Wellen wahr,
die auf die Oberfläche gefallene Insekten
erzeugen können, und wenden sich dann
dem Ausgangspunkt zu.

BEWEGUNGSSEHEN Wer einmal Froschlurche
bei der Jagd beobachtet hat, wird bemerkt
haben, dass sie Bewegungsseher sind. Hält
das anvisierte Beutetier plötzlich still und
bewegt sich nicht mehr, so starrt der betreffende Froschlurch zwar noch weiter in die
Richtung, aber er erkennt das Ziel nicht
mehr. Lediglich eine neue Bewegung des
Beutetieres kann ihn dazu bringen, danach
zu schnappen. Bei länger anhaltender Bewe-
gungslosigkeit der Beute gibt der Jäger bald
auf und wendet sich eventuell einem anderen
Reizort zu.

Wird die Beute mit dem Maul ergriffen und
ist zu groß, um in einem heruntergeschluckt
zu werden, helfen die Vordergliedmaßen
manchmal beim Stopfen mit. Viele Kröten
streifen beim Fressen z. B. mit ihren Vorderbeinen abwechselnd die Erde von einem
Regenwurm, um ihn dann herunterzu-
schlucken. Beim Schluckvorgang werden die
Augen in ihre Höhlen versenkt, wodurch sie
sich gegen das Munddach drücken und die
Nahrung in die Speiseröhre gleitet.

Der Schlankfrosch Leptobrachium hendricksoni **berührt den
Untergrund nur mit Finger- und Zehenspitzen.**

Froschlurche fressen nur lebende Würmer,
Insekten und deren Larven, Spinnen und
Ähnliches. Bei größeren Froschlurchen
gehören auch kleinere Säugetiere und Reptili-
en dazu. Selbst die eigenen Verwandten
werden nicht verschmäht, wenn sie nur klein
genug sind. Schmuckhornfrösche fressen
auch fast gleich große Artgenossen.

Boden, Baum oder Stein und verlassen sich darauf, nicht von ihm gesehen zu werden. Dabei hilft nicht selten auch die schon erwähnte Tarnfarbe. Manche Arten graben sich mit Hilfe von Grabschaufeln schnell in den lockeren Boden ein.

Besonders große oder giftige Arten verlassen sich häufig einfach auf ihre Ungenießbarkeit und machen durch ihre grellbunten Farben darauf aufmerksam.

Fortpflanzungs-verhalten

Die Mehrzahl der Froschlurche vermehrt sich durch äußere Befruchtung, nur bei einer Art (*Ascaphus truei*) findet man ein Kopulations-organ, mit dem eine innere Befruchtung möglich ist. Eine innere Befruchtunge ist bei einigen wenigen Arten lediglich noch durch ein Aneinanderpressen der Kloaken möglich.

Innige Umarmung – der Amplexus
Das häufigste Fortpflanzungsverhalten ist jedoch der Amplexus. Dabei nähert sich das Männchen dem Weibchen von hinten und ergreift ihren Körper mit den vorderen Glied-maßen. Der folgende Haltegriff kann dabei in der Taille erfolgen (ursprünglichste Form), aber auch in der Achselregion.

Schon vor der eigentlichen Fortpflanzungszeit haben sich bei den Männchen vieler Arten an den Fingern, Zehen, Unterarmen und/oder auch an anderen Stellen so genannte Brunft-schwielen gebildet. Sie sind gewöhnlich als dunkle Erhebungen erkennbar und sollen bei der Umklammerung der schlüpfrigen Part-nerin eine gewisse Haltefunktion haben.

Flucht- und Drohverhalten
Wird mit dem Gesichtssinn ein möglicher Feind erfasst, gibt es für Anuren zwei Reak-tionsmöglichkeiten. Entweder versuchen sie, wenn sie dementsprechend mobil sind, dem möglichen Feind durch einen Sprung oder rasches Davonhüpfen oder -laufen zu ent-kommen. Oder sie pressen sich an den

Ein Männchen der Geburtshelferkröte Alytes obstetricans
mit Laichpaket.

Erdkröten im Amplexus: Das Männchen umklammert
das Weibchen axillar.

Die Umklammerung ist eine praktische
Möglichkeit, Ei- und Samenzellen in unmittelbarer Nähe und zeitgleich zusammenzu-
bringen. Sofort nach dem Austreten der Eier,
sie je nach Art Ballen, Schnüre, kleine Gruppen oder einen Oberflächenfilm bilden können, werden sie vom Männchen besamt.
Nach der Besamung erfolgt dann oft kurz
darauf die Befruchtung der Eier; damit ist
ihre Entwicklung eingeleitet.
Manche Arten heften ihre Eier in schnell
fließenden Bächen einzeln an untergetauchte
Steine, vertrauen sie einem selbst geschaffenen Schaumnest an oder einer winzigen Was-
serstelle, wie der Blattachsel einer Bromelie.
Insbesondere die Fortpflanzung der Froschlurche ist im Terrarium für den Pfleger ein
unvergessliches Erlebnis.

Brutpflege und Brutfürsorge

Die meisten Anuren überlassen den Laich
nach der Befruchtung sich selbst. Bei Arten
mit nur geringer Eizahl wird aber zum Aus-
gleich dafür während einer Saison häufiger
und an verschiedenen Stellen abgelaicht.
Unter unseren heimischen Anuren gibt es
nur eine Art, die Brutfürsorge betreibt: die
Geburtshelferkröte (*Alytes obstetricans*).
Diese Scheibenzüngler laichen an Land, und
die Männchen wickeln sich dabei den kleinen
Laichballen um die Beine. Dort bleibt das
Laichpaket, bis sich der Schlupf der Larven
ankündigt. Nun geht das Männchen mit seiner Last in das flache Wasser eines Tümpels
und entlässt dort seine Nachkommen in das
Gewässer.
In den Tropen gibt es sowohl stets im Wasser
(aquatil) lebende als auch boden- und baum-
bewohnende Arten, die eine Brutfürsorge
oder sogar Brutpflege betreiben. Zu erwäh-
nen wären insbesondere die Wabenkröten,
Beutel- und Baumsteigerfrösche, aber auch

kröte (*P. pipa*) durchstoßen später sogar fertig entwickelte Fröschchen die Hautschicht. Eine ebenfalls sehr bemerkenswerte Brutfürsorge kann man bei Beutelfröschen (*Gastrotheca*) beobachten. Die Weibchen dieser Gattung tragen die befruchteten Eier so lange in einer Hauttasche auf dem Rücken mit sich, bis sich die Kaulquappen entwickelt haben. Nun begibt sich das Weibchen zu einem Gewässer und entlässt die Larven dort ins Wasser. Damit die Larven leichter den Rückenbeutel verlassen können, hält sie den Beutelschlitz mit der längsten Zehe offen.

Riedfrösche und der Chilenische Nasenfrosch (*Rhinoderma darwini*). Vom Chilenischen Nasenfrosch glaubte man lange Zeit, dass er lebend gebärend sei. Diesen Höhepunkt der Brutfürsorge findet man jedoch nur bei den afrikanischen Baumkröten (*Nectophrynoides*) und dem Schwanzfrosch (*Ascaphus truei*).

Wabenkröten und Beutelfrösche

Von den stets im Wasser lebenden Arten sind zum Thema Brutfürsorge vor allem die südamerikanischen Wabenkröten (*Pipa*) zu nennen. Bei ihnen drückt das Männchen während der Paarung eine vom Weibchen ausgestülpte Legeröhre auf ihren Rücken. Die austretenden Eier werden vom Männchen sofort besamt und mit dessen Bauch in kleine Ausbuchtungen gedrückt, die sich in der Rückenhaut des Weibchens befinden. Innerhalb weniger Stunden überwächst die Rückenhaut teilweise oder völlig die nun gefüllten Brutkammern. Aus ihnen schlüpfen nach einiger Zeit die Kaulquappen (*Pipa parva*, *P. carvalhoi*). Bei der Großen Waben-

Baumsteiger-, Blattsteiger- und Pfeilgiftfrösche

Die Brutfürsorge und Brutpflege der Baumsteiger-, Blattsteiger- und Pfeilgiftfrösche macht sie neben ihrer attraktiven Färbung zu sehr geschätzten, interessanten Pfleglingen. Je nach Art legen die Weibchen nach einem mehr oder weniger ausgeprägten Balzverhalten des Männchens die Eier in kleinsten Gruppen auf einer glatten Unterlage, meist einem Blatt ab. Anschließend besamt das Männchen das Gelege und übernimmt auch dessen weitere Bewachung und Bewässerung. Haben sich nach einiger Zeit die Kaulquappen entwickelt, begeben sich die Männchen in deren Nähe. Durch diesen Schlüsselreiz motiviert, klettern die Larven nun auf den Rücken des Vaters – bei manchen Arten übernimmt diese Aufgabe auch das Weibchen – und werden in ein entsprechendes Kleingewässer getragen. Dabei kann es sich auch nur um eine der vielen wassergefüllten Blattachseln von Bromelien handeln. Darin werden die Larven einiger Arten von den Weibchen sogar durch Nähreier (unbefruchtete Eizellen) ernährt.

Schaumnest mit Eiern des Australischen Sumpffrosches Limnodynastes peroni.

Schaumnestbauer

Afrika und Asien sind die Heimat der Ruderfrösche. Sie zeigen in der Fortpflanzung ähnliche Verhaltensweisen wie die südamerikanischen Greiffrösche. Denn sie bereiten nicht weit von der Wasseroberfläche entfernt an einem Blatt ein Schaumnest für ihren Laich. Haben sich daraus die Kaulquappen entwickelt, verflüssigt sich der Schaum und die Kaulquappen fallen in einzelnen Tropfen in das darunter liegende Gewässer.
Bei manchen Arten wird das Schaumnest vom Weibchen allein, bei anderen Arten von beiden Geschlechtern gemeinsam aus einer Flüssigkeit produziert, die von ihnen ausgeschieden wird. Manche Ruderfrösche bleiben in der ersten Zeit bei ihrem Schaumnest und befeuchten es bei Bedarf.

Informationen sammeln

Die Vielfalt an Brutfürsorge- und Pflegemaßnahmen, die Froschlurche im Laufe ihrer Evolution entwickelt haben, kann hier nicht weiter ausgeführt werden. Der zukünftige Halter von Froschlurchen sollte sich über seine Pfleglinge genau informieren und mit der Zeit eine Literatursammlung zum Thema anlegen. Denn in vielen populärwissenschaftlichen und wissenschaftlichen Zeitschriften (siehe Anhang) erscheinen immer wieder neue Haltungs- und Zuchtberichte über interessante Anurenarten, aber auch über ihre Lebensweise in der Natur. Einige weitere Angaben über die Fortpflanzungsbiologie einzelner Arten finden Sie in den jeweiligen Porträts, bzw. in den Kapiteln über die Aufzucht der Laven und Jungfrösche.

Froschlurche im Porträt

Die hier vorgestellten Arten werden immer wieder einmal im Handel angeboten, manche häufiger, andere seltener. Darunter befinden sich etliche Arten, die auch für Anfänger geeignet sind, sofern diese bereit sind, sich vor der Anschaffung intensiv mit der Biologie und Lebensweise der Froschlurche zu beschäftigen. Die einzelnen Artmonografien geben hierzu einige grundsätzliche Informationen und sind nach folgendem Schema aufgebaut:

DEUTSCHE BEZEICHNUNG Häufig existieren für ein und dieselbe Art mehrere deutsche Begriffe, mit denen jedoch außerhalb des deutschsprachigen Raumes kaum jemand etwas anfangen kann. Deshalb ist es sinnvoll, sich mit der wissenschaftlichen, international gültigen Bezeichnung vertraut zu machen.

WISSENSCHAFTLICHE BEZEICHNUNG Um sich weltweit über einzelne Tier- und Pflanzenformen bei der Bezeichnung möglichst einig zu sein, geben Wissenschaftler bei der Beschreibung einer Art oder Unterart dem jeweiligen Objekt einen Namen. Dieser setzt sich gewöhnlich aus lateinischen, manchmal auch griechischen Begriffen zusammen. Dabei ist der erste Begriff der Gattungsname, der zweite der Artname und der dritte, sofern vorhanden, bezeichnet die Unterart.

FAMILIE Möchte man sich mit den Merkmalen und Eigentümlichkeiten der näheren und weiteren Verwandten beschäftigen, können Hinweise zur Familie eine wichtige Hilfe sein.

GRÖSSE Damit ist die erreichbare Gesamtgröße gemeint, die zeigen soll, mit welchen Maßen man bei einer Art rechnen muss.

VERBREITUNG Hier wird der grobe Verbreitungsraum, ab und zu auch mit einigen Ländern angegeben.

BESCHREIBUNG Besondere Merkmale werden kurz erwähnt. Die Farbabbildungen zeigen einen möglichst typischen Vertreter der genannten Art.

HALTUNG Um sich ein Bild über die Haltungsbedingungen machen zu können und Anregungen für die Einrichtung zu erhalten, wird kurz darauf eingegangen. Da die jeweiligen Arten immer nach ihrer hauptsächlichen Lebensweise geordnet sind, wird nur hin und wieder der erforderliche Terrarientyp erwähnt.

ZUCHT An dieser Stelle erfolgen lediglich kurze Informationen über die Fortpflanzungsart und manchmal auch über Gelegegröße und Entwicklungsdauer.

FUTTER Hier erfährt man, was die jeweiligen Anuren im Terrarium gewöhnlich fressen. Weitere Futtertiere kann man der Übersicht auf Seite 83 entnehmen.

Zwergkrallenfrosch
Hymenochirus boettgeri
(Tornier, 1896), Pipidae

GRÖSSE Bis 4 cm.

VERBREITUNG Westafrika.

BESCHREIBUNG Rücken hell- bis mittelbraun, unterbrochen von unregelmäßigen dunklen Fleckchen. Unterseite weißlich. Männchen an Postaxillardrüse direkt hinter Vorderbeinen erkennbar.

HALTUNG Kleines bepflanztes Aquarium. Wasserstand etwa 10–15 cm. Verstecken sich tagsüber manchmal unter Steinen, zwischen Pflanzen u. Ä.

TEMPERATUR 20–25 °C.

ZUCHT Männchen äußern zur Fortpflanzungszeit „tickende" Rufe. Nach einem Wasserwechsel mit 20°C warmem Wasser geraten die Tiere manchmal in Fortpflanzungsstimmung. Weibchen wird im Lendenbereich umklammert und das Paar unternimmt „Loopings" unter die Wasseroberfläche. Dort werden bis zu 1000 Eier abgelegt, die an der Wasseroberfläche schwimmen und sich auch dort entwickeln müssen. Larven schlüpfen nach 18–36 Stunden, halten sich gern in flachem Wasser auf und ernähren sich von winzigem Plankton. Metamorphose nach 8–12 Wochen.

FUTTER Mückenlarven, Wasserflöhe etc.

Kleine Wabenkröte
Pipa carvalhoi
(Miranda–Ribeiro, 1937), Pipidae

GRÖSSE 6–8 cm.

VERBREITUNG Brasilien.

BESCHREIBUNG Grau bis dunkelgrau gefärbt, besitzen an den Hinterbeinen nur drei Krallen. Der Kopf ist kurz und flach und das Maul dreieckig zugespitzt. An Maulspitze und Mundwinkeln hängen zipfelartige Fortsätze mit Sinneszellen.

HALTUNG Aquarium mit etwa 60 l Wasserinhalt und 30 cm Wasserstand genügt für ein Pärchen. Versteckte Lebensweise muss bei der Einrichtung berücksichtigt werden.

TEMPERATUR 22–26 °C.

ZUCHT Männchen umklammern nach längeren Rufen (Summtöne und „Klicks") das Weibchen und führen die typischen „Purzelbäume" (Turnover) aus. Fortpflanzung sonst wie bei *P. pipa*, 40–150 Eier, Larven verlassen frühzeitig die Brutwaben. Sie ernähren sich von Algen, Zierfischtrockenfutter, gefrorenem Salat, Löwenzahn etc.

FUTTER Lebendgebärende Zahnkarpfen, Rindfleischstückchen, Regenwürmer, Mückenlarven und Tubifex.

Glatter Krallenfrosch
Xenopus laevis (Daudin, 1803)
Pipidae

GRÖSSE 8–11 cm.
VERBREITUNG Afrika südlich der Sahara.
BESCHREIBUNG Glatthäutige Frösche, an den Rückenseiten, vom Kopf bis zum After, weißliche, fransenartige Schleimkanäle (Hautsinnesorgan). Kopf klein, spitz gerundet und mit breitem Maul. Finger frei, Füße mit großen Schwimmhäuten. An den inneren drei Zehen je eine schwarze Hornkralle.
HALTUNG Größeres Aquarium mit 20–30 cm Wasserstand. Moorkienwurzeln, Steine und kräftige Wasserpflanzen dienen als Versteckmöglichkeiten.
TEMPERATUR 20–27 °C.
ZUCHT Nach einer Ruheperiode (4–5 Wochen, ca. 16 °C) simuliert man Regenfälle mit lauwarmem Wasser. Brünftige Männchen trillern und bekommen an den Fingern und Armen sogenannte „Begattungsbürsten". Weibchen werden in der Lendengegend umklammert. Männchen rufen („tack–tack"). Paare führen beim Laichen Saltos aus. Die 50–1500 Eier kleben meist an Pflanzen oder Gegenständen oder sinken einfach zu Boden. Erwachsene so lange entfernen, bis nach 2 Tagen die Larven schlüpfen. Larven sind Filtrierer und gut mit Presssaft aus Gerstenflocken zu füttern.
FUTTER Regenwürmer, Mückenlarven, Wasserinsekten und deren Larven.

Große Wabenkröte
Pipa pipa (Linnaeus, 1758)
Pipidae

GRÖSSE Bis 20 cm.
VERBREITUNG Nördliches Südamerika (Suriname, Brasilien, Peru).
BESCHREIBUNG Graue bis braune Grundfarbe, keine Krallen an den Hinterbeinen. An den Fingern findet man „Tentakel" (vier Strahlen und vier Spitzen).
HALTUNG Großes Aquarium mit Wurzeln und Steinen als Dekoration. Sinnvoll ist eine Gruppe von 1 Männchen und 2 Weibchen. Ein Filter sorgt für sauberes Wasser und eine leichte Strömung.
TEMPERATUR 26 °C, nachts etwas niedriger.
ZUCHT Wasserstand langsam senken, Wassertemperatur etwas erhöhen und nach Tagen mit kühlerem Wasser Regen imitieren. Männchen rufen „tickend". Paare führen Loopings (Purzelbäume) aus, wobei die Eier austreten. Männchen besamt die Eier (bis 259 Stück) und drückt sie an den Rücken. Sie werden im Laufe von etwa 2 Tagen von der Rückenhaut überwuchert. Weibchen durch Trennscheibe von anderen trennen und störungsfrei und frei von rauen Einrichtungsgegenständen halten.
FUTTER Regen– und andere Würmer, kleine Fische, Wasserinsekten und deren Larven.

Chinesische Riesenunke
Bombina maxima (Boulenger, 1905)
Discoglossidae

GRÖSSE 6–7,5 cm.

VERBREITUNG West- und Südchina.

BESCHREIBUNG Stämmige Unke mit kräftigen Armen und Beinen. Schwimmhäute bei Männchen wesentlich kräftiger ausgebildet, reichen bis an die Zehenspitzen. Körperoberseite bedeckt eine Vielzahl großer und kleiner Warzen, besonders große hinter den Augen. Färbung von Hell– bis Dunkelbraun. Kehle, Bauch und Unterseite der Gliedmaßen schwarz und gelblich bis orange.

HALTUNG Einfaches Aquaterrarium mit 6–10 cm Wasserhöhe. Insel (Steine etc.) als Landteil. Einige Wasserpflanzen bieten Versteckmöglichkeiten.

TEMPERATUR 23–24 °C (Sommer); 16–18 °C (Winter).

ZUCHT Bei den Männchen Brunftschwielen an Händen, Brust und Armansatz. Im Freilufterrarium Zucht ab Mai wesentlich einfacher. Männchen umklammern Weibchen im Lendenbereich und rufen („hu-hu-hu"). Laichen nach Luftdruckwechsel und/oder Niederschlägen. Aufzucht mit Algen und Mückenlarven.

FUTTER Insekten und kleine Regenwürmer.

Chinesische Rotbauchunke
Bombina orientalis
(Boulenger, 1890), Discoglossidae

GRÖSSE 4,6–6 cm.

VERBREITUNG Ostsibirien, Nordostchina, Korea, Japan.

BESCHREIBUNG Typische Unkenform mit bräunlicher bis sattgrüner Grundfarbe und zahlreichen schwarzen Flecken und Tupfen. Männchen mit innerem subgularem Schallsack. Bauch orange bis karmesinrot gefärbt. Finger– und Zehenspitzen ebenfalls orange. Männchen besitzen kräftigere Schwimmhäute zwischen den Zehen.

HALTUNG wie *Bombina maxima*. Dies gilt auch für *Bombina variegata* (Gelbbauchunke) und *Bombina bombina* (Rotbauchunke), von denen ebenfalls regelmäßig Nachzuchten angeboten werden.

TEMPERATUR 22–25 °C (Sommer), bei ca. 5 °C überwintern.

ZUCHT Wie *Bombina maxima*. Um eine kräftigere Rotfärbung der Unterseite zu erreichen, füttert man die jungen Unken mit Kleinkrebsen und/oder bestäubt das Futter ab dem ersten Lebensjahr hin und wieder mit CANTHAXANTHIN.

FUTTER Wie *B. maxima*.

Gemalter Scheibenzüngler
Discoglossus pictus (Otth, 1837)
Discoglossidae

GRÖSSE 5–7 cm.

VERBREITUNG Südfrankreich, Teile Portugals und Spaniens, Sizilien, Malta, Marocco bis Tunesien.

BESCHREIBUNG Gestalt erinnert an den heimischen kleinen Teichfrosch, besitzt jedoch eine dreieckige, nach unten weisende Pupille. Trommelfell nicht sichtbar. Vom Augenrand bis zur Lendengegend zieht eine drüsenreiche Längsfalte. Kräftige Schwimmhäute vorhanden. Haut glatt oder – häufig bei Weibchen – gekörnelt. Schallblase verkümmert. Färbung sehr variabel.

HALTUNG Geräumiges Aquaterrarium mit einem Wasserstand, der doppelt so hoch ist wie die Tiere lang sind, und einem kleinen Landteil (Insel) mit Versteckmöglichkeit.

TEMPERATUR 20–24 °C (Sommer), 6–8 Wochen bei ca. 5 °C überwintern.

ZUCHT In der Brunftzeit bei Männchen 1. Finger stark verdickt, 2., 3. Finger und Kinn rauer als gewöhnlich. Männchen umklammert Weibchen in der Lendengegend. Weibchen legt 300–1000 Eier in kleinen Klumpen. Bleiben an Pflanzen hängen oder sinken zu Boden. Larven wie *Bombina*-Larven aufziehen. Häufiger Wasserwechsel!

FUTTER Insekten und deren Larven, Spinnen und Regenwürmer.

Australischer Sumpffrosch
*Limnodynastes peronii (Duméril &
Bibron, 1841), Leptodactylidae*

GRÖSSE Bis 6,5 cm.

VERBREITUNG Ostküste Australiens, Nordtasmanien.

BESCHREIBUNG Hellbrauner Frosch mit glatter Haut. Erinnert an unseren heimischen Grasfrosch, hat jedoch einen verhältnismäßig größeren Kopf. Trommelfell schlecht erkennbar. Haut unregelmäßig dunkelbraun gemustert, oft mit breitem Rückenband. Kräftige Gliedmaßen, Finger frei. Zehen mit kurzen Schwimmhäuten.

HALTUNG Aquaterrarium mit Ufergestaltung. Einige Pflanzenranken (z.B. *Scindapsus*) in das Wasser.

TEMPERATUR 20–28 °C.

ZUCHT In der Regenzeit (häufig sprühen, Temperaturanstieg) ertönen die Rufe, sie erinnern an ein klopfendes „Tock-tock". Weibchen formen beim Laichen ein Schaumnest, das auf der Wasseroberfläche schwimmt. Aufzucht der Larven und Jungfrösche einfach.

FUTTER Insekten und Regenwürmer.

Amerikanischer Ochsenfrosch
Rana catesbeiana (Shaw, 1802)
Ranidae

GRÖSSE 15–20 cm.
VERBREITUNG Teile Südostkanadas und USA.
BESCHREIBUNG Massiger, breiter Körper. Ähnelt in der Gestalt unserem heimischen Teichfrosch. Vor allem Männchen besitzen ein sehr großes Trommelfell. Haut gekörnelt, Oberseite olivgrün gefärbt. Bei Männchen geht die Farbe oft ins Grünliche, bei Weibchen ins Bräunliche. Grundfarbe wird von dunklen Flecken unterbrochen.
HALTUNG Unbeheiztes Aquaterrarium, kann im Sommer in völlig eingefriedeten (Kaninchendraht) Freilufterrarien gehalten werden. Dürfen nicht ausbrechen, da sie sich bei uns in der Natur halten und große Schäden in der heimischen Fauna anrichten.
TEMPERATUR 15–22 °C, relative Luftfeuchte 50–60 %.
ZUCHT Im Freilufterrarium relativ leicht. Kaulquappen entwickeln sich in großen veralgten Kunststoffwannen problemlos.
FUTTER Je nach Größe bis junge Ratten und Mäuse.

Broncefrosch
Rana chalconata (Schlegel, 1837)
früher: Hylarana chalconata
Ranidae

GRÖSSE Bis 7,5 cm.
VERBREITUNG Südostasien und vorgelagerte Inseln.
BESCHREIBUNG Schnittig geformter Frosch mit relativ spitzer Schnauze. Mehr oder weniger bonzefarben. Deutliches Trommelfell und breite Haftscheiben an den Finger– und Zehenspitzen. Männchen mit Oberarmdrüsen. Unterscheidung zu *Rana hosii* (grünlicher gefärbt): Bei *R. chalconata* ist an ein oder zwei Endgliedern der 4. Zehe nur ein schmaler Hautsaum vorhanden, bei *R. hosii* reicht die Schwimmhaut bis zur Scheibe der 4. Zehe.
HALTUNG Bewohner der Regen- und Bergregenwälder. Klettern gut, daher hohes Aqua- oder Regenwaldterrarium mit Wasserteil.
TEMPERATUR 20–25 °C.
ZUCHT In der Regenzeit (kräftig sprühen) umklammert das Männchen das Weibchen. Weibchen können mehrmals im Jahr Eiklumpen in das Wasser legen. Nach 6–10 Tagen entwickeln sich die winzigen, schlanken Larven. Sie sind in veralgten Becken leicht aufzuziehen. Jungfroschaufzucht problemlos. Können bereits gut springen.
FUTTER Vor allem fliegende Insekten.

Coloradokröte
Bufo alvarius (Girard, 1859)
Bufonidae

GRÖSSE M. 8–15,6 cm; W. 8,7–17,8 cm.
VERBREITUNG Vom äußersten Südosten Kaliforniens bis zum äußersten Südwesten in Neu-Mexiko, südlich bis Mexiko.
BESCHREIBUNG Eine der größten amerikanischen Kröten. Auffallende Knochenwülste hinter den schwach hervortretenden Augen, große Parotoiden. Iris rötlichorange, Trommelfell sehr deutlich. Spezifisches Merkmal: größere, drüsenartige Warzen auf der Oberseite der Schenkel und Waden. Männchen besitzen einen inneren, sehr kleinen „Stimmsack", Rufe sehr leise.
HALTUNG Grundfläche mindestens 80 x 50 cm. Bodengrund Gartenerde-Sand-Gemisch, darüber Torfplatten. Abwaschbare Kunsthöhle und Wasserschale.
TEMPERATUR Sommer 24–26°C, im Winter 14–16 °C.
ZUCHT Nur in einem entsprechend eingerichteten großen Freilufterrarium möglich. Winterruhe bei 10 °C. Laichwanderer. Männchen bilden Brunftschwielen aus. (7500–8000 Eier).
FUTTER Große Heuschrecken, Heimchen, Grillen, Spinnen und *Zophobas* (große Käferlarven), junge Mäuse.

Kleine Uferkröte
Bufo haematiticus (Cope, 1862)
Bufonidae

GRÖSSE Bis 5,5 cm.
VERBREITUNG Von den karibischen Berghängen des östlichen Honduras und der pazifischen Region Costa Ricas südwärts über Panama bis südliches Kolumbien.
BESCHREIBUNG Kleinwüchsige Kröte. Erinnert durch ihre Färbung an die südamerikanische *B. guttatus*. Das Trommelfell entspricht etwa dem Augendurchmesser, große Parotoiden oval geformt. Haut ist glatt, kann aber auf dem Rücken einige kleine Tuberkel aufweisen. Helle Linie trennt dunkle Unterseite und braunen Rücken.
HALTUNG Regenwaldterrarium mit Wasserteil, Laub als Versteckmöglichkeit. Sprühen!
TEMPERATUR 20–27 °C.
ZUCHT Sobald die Männchen Weibchen umklammern, überführt man das Paar in ein Aquaterrarium. Häufiges Überbrausen führt nachts zur Eiablage. Gelege bestehen aus kurzen Schnüren. Larven sind empfindlich gegen Wasserverschmutzung und Sauerstoffmangel.
FUTTER Kleine Insekten und deren Larven, auch Asseln und kleine Regenwürmer.

Agakröte
Bufo marinus (Linnaeus, 1758)
Bufonidae

GRÖSSE 10–15 cm, maximal 23,8 cm.
VERBREITUNG Vom äußersten Süden Texas bis nach Mexiko, eingeschleppt in Florida sowie in viele südamerikanische Länder, Karibik, Regenwälder Nordostaustraliens, Salomon-Inseln und Hawaii.
BESCHREIBUNG Massiger Körper, stämmige Gliedmaßen. Iris grünlich, Pupillen waagerecht. Trommelfell gut erkennbar. Besonders große Parotoiden mit großen Porenöffnungen. Gift sehr wirksam! Kröten meist einfarbig bräunlich oder dunkel gefleckt. Männchen mit subgularem innerem Kehlsack, Rufe erinnern an einen im Leerlauf tuckernden Trecker.
HALTUNG Geheiztes, mehr trockenes Terrarium mit mindestens quadratmetergroßer Grundfläche. Kunsthöhle als Versteckmöglichkeit. Lauberde-Sand-Gemisch als Bodengrund. Wasserschale erforderlich. Einrichtung möglichst pflegeleicht, da die Ausscheidungen recht voluminös sind. Müssen mit etwas Bodengrund darunter entfernt werden. Täglich leicht sprühen.
TEMPERATUR 21–28 °C, nachts 3 °C weniger.
ZUCHT Nur in sehr großen Terrarien oder Treibhäusern mit großem Wasserteil.
FUTTER Regenwürmer, Nacktschnecken, Grillen, Heimchen, Heuschrecken, nestjunge Mäuse, mageres Rinderherz in Streifen.

Berberkröte
Bufo mauritanicus (Schlegel, 1841)
Bufonidae

GRÖSSE Bis 12,2 cm.
VERBREITUNG Marokko, Algerien, Tunesien.
BESCHREIBUNG Körperoberseite mit unregelmäßig verteilten, abgeflachten, aber deutlich porösen Warzen. Grundfärbung meist hellgelb bis braun mit Muster aus mehr oder weniger dunkel gerandeten rötlichbraunen bis schwarzbraunen Flecken. Männchen mit etwas schwächerem Zeichnungsmuster und dunkler Kehle.
HALTUNG Bodenfeuchte muss vorhanden sein. Halbfeuchtes, schwach geheiztes Becken mit quadratmetergroßer Grundfläche. Lauberde-Sand-Gemisch als Bodengrund. Korkrinde oder hohler Ast als Kunsthöhle. Wassergefäß wird gern aufgesucht. Kleine Sansevieria als Dekoration geeignet.
TEMPERATUR 22–28 °C, nachts 15–20 °C. Winterruhe bei etwa 10–12 °C für 2 Monate.
ZUCHT Wie *B. regularis*.
FUTTER Grillen, Heimchen, Heuschrecken, Mehlwürmer, Regenwürmer, Nacktschnecken.

Pantherkröte
Bufo regularis (Reuss, 1833)
Bufonidae

GRÖSSE 9–10 cm.

VERBREITUNG Von Westafrika bis Ägypten und von dort südwärts über Südwestäthiopien bis Ostafrika.

BESCHREIBUNG Trommelfell in Augenhöhe, Parotoiden länglichoval. Rückenwarzen unregelmäßig verteilt, abgeflacht, jedoch häufig mit verhornten Spitzen. Rückenfärbung olivbraun oder -grau mit mehr oder weniger scharf konturierten braunen Flecken (oft symmetrisch angeordnet). Manche Tiere haben eine helle Rückenlinie. Kehle der Männchen dunkel pigmentiert.

HALTUNG Terrarium mit großer Grundfläche und hohem, leicht feuchtem Bodengrund (z. B. Lauberde-Sand-Gemisch). Nur robuste Pflanzen geeignet. Korkeichenröhre als Versteck. Wasserschale notwendig.

TEMPERATUR 20–28 °C, nachts 18–20 °C.

ZUCHT Männchen bekommt Brunftschwielen und stößt laut knarrende Rufe aus. Umsetzen in geräumiges Aquaterrarium. Laichschnüre sehr umfangreich (bis 25000 Eier). Aufzucht kleiner Larvengruppen in veralgten Becken oder Wannen. Jungkröten sehr klein, benötigen Springschwänze, winzige Insekten und –larven.

FUTTER Regenwürmer, Insekten und -larven.

Südliche Kröte
Bufo terrestris (Bonnaterre, 1789)
Bufonidae

GRÖSSE 7–11 cm.

VERBREITUNG USA (äußerster Südosten Virginias, südöstliches Luisiana entlang der Küste einschließlich der Halbinsel Florida)

BESCHREIBUNG Mittelgroß, kompakt gebaut. Ausgeprägte Schädelleisten in ihren hinteren Abschnitten knopfartig verdickt. Grundfärbung von Rot bis Schwarz variierend, meist jedoch braun in unterschiedlichen Schattierungen. Es können auch dunkle Flecken vorkommen, die dunkle Warzen enthalten. Gewöhnlich mit hellem, wenn auch undeutlichem Rückenstreifen.

HALTUNG Bevorzugt sandige Landschaften. Terrarium mit lockerem Bodengrund (Sand-Erde-Gemisch) und Kunsthöhle. Im Bereich einer unempfindlichen Pflanze den Boden immer etwas feucht halten .

TEMPERATUR 18–26 °C.

ZUCHT Klammern die Paare, setzt man sie in ein Aquaterrarium mit Pflanzen im Wasserteil. Häufiges Überbrausen führt oft zum Laichen. Laichschnüre in große veralgte Aquarien oder Wannen überführen. Aufzucht der Jungkröten mit Kleinstfutter.

FUTTER Vor allem Regenwürmer, Insekten und deren Larven.

Nashornfrosch
Ceratobatrachus guentheri
(Boulenger, 1884), Ranidae

GRÖSSE Bis 8 cm.
VERBREITUNG Salomonen.
BESCHREIBUNG Krötenartiger Körperbau mit auffällig dreieckigem Kopf. Erinnert etwas an Zipfelkrötenfrösche. Spannhäute fehlen. Grundfarbe hell– bis mittelbraun, stellenweise etwas dunkler. Färbung sehr variabel.
HALTUNG Regenwaldterrarium mit Wurzeln und kleinem Wasserteil. Auf dem Bodengrund Eichen– oder Buchenlaub als Versteckmöglichkeit.
TEMPERATUR 20–26 °C.
ZUCHT Die Fortpflanzungsbiologie ist noch unbekannt. Hier könnten Beobachtungen im Terrarium wertvolle Erkenntnisse liefern.
FUTTER Vor allem Regenwürmer und Insekten.

Schmuckhornfrosch
Ceratophrys ornata (Bell, 1843)
Leptodactylidae

GRÖSSE Bis 12 cm.
VERBREITUNG Ostbrasilien und Argentinien.
BESCHREIBUNG Gestalt plump und massig. Haut warzig. Kopf groß mit sehr breitem Maul. Zunge herzförmig, hinten frei. Pupille horizontal. Finger frei. Leuchtend grün gefärbt, mit großen, rötlich schwarzen, gelb gerandeten Flecken. Augenlider höckerartig, nicht spitz.
HALTUNG Terrarium mit lockerem, tiefem Bodengrund, etwas Laub und kleiner Wasserschale. Graben sich in den Boden ein, häuten sich im Wasser. Sehr aggressiv, auch gegenüber Pfleger! Einzelhaltung.
TEMPERATUR 22–27 °C.
ZUCHT Luftfeuchtigkeit für einige Wochen bei 60–70 % und 22 °C. Vorsichtiges und kontrolliertes Zusammensetzen der Geschlechter. Männchen blöken wie Rinder. Temperaturanstieg und häufiges Überbrausen der Einrichtung mit 30 °C warmem Wasser. Eier werden in kleinen Klumpen abgelegt, die an der Oberfläche schwimmen. Larven einzeln aufziehen, da sie sich gegenseitig anfallen. Nach 36 Tagen Metamorphose z. T. bereits abgeschlossen.
FUTTER Je nach Größe der Frösche. Ausgewachsene Tiere fressen auch Mäuse.

Tomatenfrosch
Dyscophus antongilii
(Grandidier, 1877), Microhylidae

GRÖSSE Bis 11 cm.
VERBREITUNG Nordwestmadagaskar.
BESCHREIBUNG Kräftiger Frosch mit glatter rötlicher Haut. Flacher Kopf, Pupille horizontal. Trommelfell mehr oder weniger gut sichtbar. Finger frei, Zehen ungefähr zur Hälfte durch Spannhäute verbunden. Mittelfußhöcker schaufelartig (Grabschwiele).
HALTUNG Terrarium mit hoher Schicht lockerem, stets leicht feuchtem Bodengrund, kleinem Wasserteil und Versteckmöglichkeit. Graben sich meist ein. Hoher Futterbedarf.
TEMPERATUR 25–26°C, nachts 20 °C.
ZUCHT Im Frühsommer Trockenzeit simulieren, Bodengrund und Umgebung trockener werden lassen. Frösche täglich leicht besprühen. Nach etwa 2 Monaten durch kräftiges, täglich mehrmaliges Überbrausen Regenzeit simulieren. Rufende Männchen suchen Wasserteil auf, Weibchen folgen. Umklammerung erfolgt meist nachts, Eiablagen (bis 1000) ebenfalls. Larven sind Filtrierer und benötigen täglichen Wasserwechsel. Wassertemperatur etwa 24 °C.
FUTTER Vor allem Insekten und deren Larven, aber auch Regenwürmer.

Hendricksons Schlankarmfrosch
Leptobrachium hendricksoni
(Taylor, 1963), Pelobatidae

GRÖSSE M. 4–5 cm, W. bis 8 cm.
VERBREITUNG Südthailand, Westmalaysia, vermutlich auch Borneo und Sumatra.
BESCHREIBUNG Plumper Körper, breiter Kopf, schlanke Arme und Beine. Beine relativ kurz. Finger– und Zehenenden abgerundet, nicht verbreitert. Rückenhaut glatt oder mit niedrigen, netzartigen Falten. Trommelfell meist deutlich sichtbar. Rückenpartie variabel gräulich bis bräunlich gefärbt, mit dunkler symmetrischer Zeichnung. Iris ganz oder z. T. orangerot gefärbt.
HALTUNG Regenwaldterrarium mit Laub und Korkeichenrinde als Versteckmöglichkeit. Nach dem Sprühen kann der Körper deutlich anschwellen. Dämmerungsaktiv. Scheiden zu Beginn ihrer Aktivitäten Wasser durch die Kloake aus und schreiten mit hoch erhobenem Körper über den Boden, um nach Futter zu suchen.
TEMPERATUR 22–26 °C, hohe Luftfeuchtigkeit.
ZUCHT Männchen rufen in schneller Folge 4–6 mal „kuck-kuck". Laichen offenbar vor allem in leicht fließenden Gewässern. Zucht im Terrarium wohl noch nicht gelungen.
FUTTER Regenwürmer, Schnecken, aber auch größere Insekten und deren Larven.

Goldfröschchen
Mantella aurantiaca
(Moquard, 1901), Ranidae

GRÖSSE 2–2,5 cm.
VERBREITUNG Waldgebiete von Périnet-Andasibé/Madagaskar.
BESCHREIBUNG Kopf ziemlich kurz, Maul leicht zugespitzt. Trommelfell undeutlich, Männchen mit Stimmsack. Iris dunkel, mit feinen dunklen Goldpünktchen, Pupille waagerecht. Haut glatt oder fein gekörnelt, gelb bis gelborange. Kniekehlen und Leisten mit je einem dunkelorangen Fleck. Rufe: metallisch klingendes Ticken oder ähnliches Zirpen wie Grillen.
HALTUNG Kleines Regenwaldterrarium mit Wasserteil. Verstecken sich zwischen Blättern am Boden.
TEMPERATUR 18–25 °C.
ZUCHT Von November bis Februar Temperatur auf etwa 25 °C steigern, Regenzeit simulieren. Laichen in Höhlen! Eiballen umfasst bis zu 60 Eier, Gesamtgelege bis zu 200 Eier. Müssen immer leicht feucht bleiben (21–22 °C, 100 % Luftfeuchte). Kaulquappen nach 3–6 Tagen schlupfbereit. Platte mit Gelege an Wasserrand legen. Kaulquappen schlängeln sich ins Wasser, Gruppenaufzucht mit je 10 Larven. Wasserstand 2–5 cm, abgedunkelt. Metamorphose beginnt nach etwa 10 Wochen. Fressen in den ersten Wochen v. a. Springschwänze.
FUTTER Winzige Insekten u. Ä.

Bunte Mantelle
Mantella madagascariensis
(Grandidier, 1872)
früher: M. cowani, Ranidae

GRÖSSE M. 2,3–2,5 cm, W. bis 2,7 cm
VERBREITUNG Ostmadagaskar, Betsileo, Réunion.
BESCHREIBUNG Körperform wie *M. aurantiaca*, jedoch wesentlich bunter. Grundfarbe des Rückens braun bis lackschwarz. Von der Maulspitze zieht auf beiden Seiten über die Augen ein gelbgrüner Streifen bis zum Vorderbeinansatz. Dort verbreitert er sich zu einem gelbgrünen Fleck. Dieser wird von einem breiten lackschwarzen Fleck abgelöst, der sich mit dem schwarzen Rücken verbindet. Basis der Beine gelbgrün, Oberseite der Arme und Beine oft orange-rot-schwarz marmoriert.
HALTUNG Kleines Regenwaldterrarium für Pfeilgiftfrösche, mit Torfplatten, Kunsthöhlen und kleinem Wasserteil.
TEMPERATUR 20–24 °C, nachts 14–16 °C.
ZUCHT Wie *M. aurantiaca*.
FUTTER Winzige Insekten u. Ä..

Grüne Mantelle
Mantella viridis
(Pintak & Böhme, 1988), Ranidae

GRÖSSE M. 2,2–2,5 cm, W. 2,5–3 cm.
VERBREITUNG Madagaskar (südlich von Antsiranana), Diego Suarez in der Montagne de Francais.
BESCHREIBUNG Typische *Mantella*–Form. Oberseite und Teile der Flanken gelblich–grün. Helle Streifen auf der Oberlippe. Unterseite schwarz mit blau gesprenkeltem Netzmuster, das bis zur Kehle reicht. Beine grünlich. Hinterbeine manchmal gebändert. Obere Hälfte der Iris hell pigmentiert. Trommelfell ausgeprägt.
HALTUNG Lebensraum mit ausgeprägten Trocken– und Regenzeiten. In der Natur vorwiegend versteckt in der Laubschicht des Trockenwaldes, erst in der Regenzeit richtig aktiv. Pflege in Regenwaldterrarien mit einer Schicht Buchen-/Eichenlaub. Männchen untereinander sehr aggressiv!
TEMPERATUR 22–25 °C.
ZUCHT Ruf aus einer Serie sehr kurzer Noten, jede Note aus 2 kurzen Klickern mit einem kurzen Intervall dazwischen. Zucht wie *M. aurantiaca*.
FUTTER Winzige Insekten u. Ä.

Zipfelkrötenfrosch
Megophrys monticola nasuta
(Schlegel, 1837), Pelobatidae

GRÖSSE M. 5–8,2 cm, W. bis 16 cm.
VERBREITUNG Thailand, Malaysia, Indonesien, Philippinen.
BESCHREIBUNG Krötenartiger Körper mit kurzem Kopf und breitem, leicht zugespitztem Maul. Trommelfell kaum sichtbar. Iris dunkelbraun, Pupille senkrecht. Augen und Nasenspitze mit zipfeligen Anhängen versehen, an verschiedenen Körperstellen noppenartige Anhänge. Oberseite hellbräunlich lederfarben mit kleinen Flecken.
HALTUNG Großes Aquaterrarium oder Regenwaldterrarium mit großem Wasserteil (1 : 1). Trockene Blätter als Verstecke.
TEMPERATUR 18–23 °C, sehr hohe Luftfeuchtigkeit (80–100 %).
ZUCHT Regenzeit simulieren. Männchen rufen „oak-oak". Weibchen werden umklammert, die Eier heften sie an die Wände einer im Wasser befindlichen Höhle. Larven schlüpfen nach 8–10 Tagen und gleiten an Gallertfäden in das Wasser. Nach weiteren 8 Tagen hat sich der Trichtersaum des Mundfeldes gebildet. Larven verlassen Verstecke, Nahrungsaufnahme beginnt.
FUTTER Regenwürmer und Nacktschnecken.

Schwarzkrötchen
*Melanophryniscus stelzneri
(Weyenbergh, 1875), Bufonidae*

GRÖSSE 3,5 cm.

VERBREITUNG Argentinien, Paraguay, Uruguay, südöstliches Brasilien.

BESCHREIBUNG Plumper, gedrungener Körper. Trommelfell undeutlich. Augen waagerecht und mit dunkler Iris. Haut verhältnismäßig rau. Grundfarbe schwarz, darauf sind gelbe Flecken und Striche unregelmäßig verteilt.

HALTUNG Halbfeuchtes Terrarium mit trockenen Stellen. Grundfläche mindestens 40 x 40 cm. Lauberde-Sand-Gemisch als Bodengrund, hohl liegende Korkrindenstückchen als Verstecke. Wasserschale.

TEMPERATUR 18–22 °C, 80–90 % relative Luftfeuchtigkeit.

ZUCHT Ruhephase von 4–8 Wochen bei 8–12 °C. Temperaturen langsam erhöhen, Einrichtung täglich besprühen. Rufen die Männchen, Tiere in ein Ablaichbecken umsetzen, Kies als Bodengrund, Versteckmöglichkeiten. In den Kies Mulden drücken, die sich mit Wasser füllen. Männchen umklammert das Weibchen in der Achsel. Aus den 90–110 Eiern schlüpfen nach etwa 24 Stunden die Larven. Metamorphose nach 1–2 Wochen möglich.

FUTTER Fruchtfliegen, kleine Wachsmottenraupen, kleinste Heimchen und Grillen, Springschwänze.

Afrikanischer Ochsenfrosch, Grabfrosch
*Pyxicephalus adspersus
(Tschudi, 1838), Ranidae*

GRÖSSE M. bis 24 cm, W. 12 cm.

VERBREITUNG Mittel– und Südafrika (außer südwestlicher Kap-Provinz).

BESCHREIBUNG Körper stark gedrungen, Kopf unförmig breit, Maul sehr groß. Kann mit 3 Knochenspitzen am Unterkiefer kräftig zubeißen. Schaufelartig verbreiterter Fersenhöcker (Grabhilfe). Männchen mit gelber Kehle.

HALTUNG Geräumiges Aquaterrarium (100 x 60 cm Grundfläche) mit großem Wasserteil (2/5) Wasserstand etwa 10 cm. Bodengrund: ca. 25 cm hohes lockeres, nur leicht feuchtes Torfmull/Sand–Gemisch. Häufiger Wasserwechsel, Bodengrund häufig auswechseln. Sehr gefräßig!

TEMPERATUR Luft: 22–26, Wasser 22–24 °C

ZUCHT Nach einer „trockeneren" Zeit Regenzeit simulieren. Männchen rufen laut blökend. Weibchen werden im Wasser unter der Achsel umklammert. Eier (3000–4000) werden äußerlich besamt. Larven schlüpfen nach wenigen Stunden, werden vom Männchen im Wasser bewacht. Eier bzw. Larven auf mehrere veraltge Becken verteilen.

FUTTER Vor allem Nacktschnecken, Regenwürmer und große Insekten.

Klobiger Engmaulfrosch
Scaphiophryne pustulosa
(Angel & Guibé, 1945), Microhylidae

GRÖSSE Bis 4,3 cm.
VERBREITUNG Madagaskar.
BESCHREIBUNG Gedrungener, abgeflachter Körper mit kleinem Kopf und kaum erkennbarem Trommelfell. Pupille horizontal. Die Frösche haben auf der grünen Netzzeichnung schwarze und braune Flecken. Finger frei, mit großen, breiten Haftscheiben. Am Grund der Zehen kleine Spannhäute, Haftscheiben klein. Großer Mittelfußhöcker.
HALTUNG Regenwaldterrarium mit Wasserteil. Laub auf dem Bodengrund als Versteckmöglichkeit. Täglich sprühen.
TEMPERATUR 20–25 °C.
ZUCHT Die Fortpflanzungsbiologie ist noch unbekannt. Beobachtungen im Terrarium könnten wertvolle Hinweise geben. Kann eventuell durch Simulation von Trocken- und Regenzeit ausgelöst werden.
FUTTER Vor allem kleinere Insekten und deren Larven.

Bunter Engmaulfrosch
Scaphiophryne gottlebei (Busse &
Böhme, 1992), Microhylidae

GRÖSSE 3,5–5 cm.
VERBREITUNG Madagaskar.
BESCHREIBUNG Gedrungener, abgeflachter Körper mit kleinem Kopf und kaum erkennbarem Trommelfell. Haut glatt. Die Frösche sind grün, orange, schwarz und leuchtend weiß gefärbt. Pupille horizontal angeordnet. Finger frei, mit großen, breiten Haftscheiben. Am Grund der Zehen kleine Spannhäute, Haftscheiben klein. Großer Mittelfußhöcker.
HALTUNG Regenwaldterrarium mit kleinem Wasserteil. Gehen sie erst einmal an das Futter, ist die Haltung einfach. Täglich sprühen.
TEMPERATUR 20–25 °C.
ZUCHT Die Fortpflanzungsbiologie ist noch unbekannt. Beobachtungen im Terrarium könnten wertvolle Hinweise geben. Während der Haltung Trocken- und Regenzeit simulieren.
FUTTER Vor allem kleinere Insekten.

Bananenfrosch
Afrixalus fornasini (Bianconi, 1849)
Rhacophoridae

GRÖSSE Bis 4 cm.
VERBREITUNG Ostafrika.
BESCHREIBUNG Laubfroschartiger Körperbau. Pupille senkrecht, und dadurch leicht von *Hyperolius* zu unterscheiden. Große Haftscheiben an Finger– und Zehenspitzen. Männchen mit großer, einfacher Schallblase. Sehr variabel, Rücken meist dunkelbraun mit 2 sehr breiten, silberweißen Längsbinden, die auch miteinander verschmelzen können.
HALTUNG Aquaterrarium mit Kletterästen und dichtem Pflanzenwuchs (Überwasserblätter!). Die Frösche sind nachts aktiv, verstecken sich tagsüber gern in Höhlen o. Ä.
TEMPERATUR 22–26 °C, hohe Luftfeuchtigkeit.
ZUCHT Männchen rufen zirpend. Laich unpigmentiert, wird portionsweise in tütenförmig geklebte Blätter über dem Wasserspiegel deponiert. Larven sehr gestreckt, Maul breit. Larven gleiten nach etwa 10 Tagen in das Wasser, Ende der Meta–morphose nach etwa 2,5–3 Monaten.
FÜTTERUNG Fliegende Insekten und deren Larven.

Amerikanischer Laubfrosch
Hyla cinerea (Schneider, 1799)
Hylidae

GRÖSSE Bis 6,5 cm.
VERBREITUNG Südoststaaten der USA.
BESCHREIBUNG Typische Laubfroschform mit glatter Haut. Meist graugrün bis leuchtend grün. Hin und wieder mit cremefarbenem Flankenband. Männchen bleiben kleiner.
HALTUNG Regenwaldterrarium mit Wasserteil oder hohes Aquaterrarium mit Kletterästen und dichtem Pflanzenwuchs. Alle 2 bis 3 Tage sollte gesprüht werden. Fütterung erfolgt am besten mit Beginn der Dämmerung, da Frösche dann erst aktiv werden.
TEMPERATUR Luft 22–28 °C,
Wasser 23–25 °C.
ZUCHT Ab Spätherbst schaltet man die Beleuchtung aus und lässt die Frösche etwa 2 Wochen fasten. Anschließend Winterruhe (sehr feucht halten). Nach 2–3 Monaten setzt man sie wieder in das Terrarium. Nun häufiger sprühen und die Temperatur erhöhen. Rufen die Männchen, treffen sie sich mit den Weibchen im Wasser und laichen. Aufzucht einfach.
FUTTER Vor allem fliegende Insekten und deren Larven.

Gestreifter Laubfrosch
Hyla crepitans (Wied, 1824)
Hylidae

GRÖSSE Bis 7 cm.
VERBREITUNG Mittel- und Südamerika, Selva Montaña.
BESCHREIBUNG Typische Laubfroschform. Meist rötlich gelbbraun bis rehbraun. Ein dunkles Band zieht vom Kopf bis zum After. Auf den cremefarbenen Flanken, den blassrosa gefärbten Oberschenkeln und der Außenseite der Oberarme dunkle Querstreifen. Nachts werden die Frösche heller. Iris silbrig bronze oder cremegelb.
HALTUNG Sehr großes Regenwaldterrarium mit Wasserteil. Bepflanzung mit großblättrigen stabilen Pflanzen, zwischen denen sich die Frösche verstecken können.
TEMPERATUR Tag 26–28 °C, Nacht 18–20 °C, hohe Luftfeuchtigkeit.
ZUCHT Hohes Aquaterrarium mit Lehm als Bodengrund. Regenzeit simulieren. Weibchen bauen in der Natur oft in Bachnähe eine Nestgrube. Füllt sich der kleine Tümpel mit Wasser, klammern die Paare und das Weibchen legt 600–1000 schwarze kleine Eier hinein. Larven bleiben etwa 2 Wochen im Nest, dann wird der Wall von den Kaulquappen zerstört und sie verteilen sich im Bach. Jungfrösche sind hellgrün und haben auf dem Rücken kleine dunkle Pünktchen.
FUTTER Vor allem fliegende Insekten.

Mittelmeerlaubfrosch
Hyla meridionalis (Boettger, 1874)
Hylidae

GRÖSSE Bis 5,5 cm.
VERBREITUNG Mittelmeerländer und einige Kanarische Inseln.
BESCHREIBUNG Der Mittelmeerlaubfrosch erinnert sehr stark an den heimischen Laubfrosch *H. arborea*. Ihm fehlt jedoch die schwarze „Hüftschlinge". Exemplare von Gomera und Teneriffa verfärben sich oft bräunlich oder gräulich und sind manchmal dunkel gepunktet.
HALTUNG Hohes Aquaterrarium mit kräftiger Solitärpflanze sowie Ästen und Zweigen als Klettermöglichkeit.
TEMPERATUR 20–27 °C, nachts etwas kühler.
ZUCHT Im Freiluftterrarium mit Wasserteil einfach. Laubfrösche im Winter kühl (ca. 10 °C) halten und ab Mai in das Freiluftterrarium setzen. Laichen nach einsetzenden Niederschlägen mit entsprechenden Luftdruckänderungen. Weibchen werden axillar umklammert. Tauchen beim Laichen immer wieder ab. Larven sind in veralgten Becken und Wannen leicht aufzuziehen. Jungfrösche ebenfalls unproblematisch.
FUTTER Vor allem fliegende Insekten.

Korallenfinger
Litoria caerulea (Shaw, 1790)
Hylidae

GRÖSSE 10–12 cm.

VERBREITUNG Nord- und Ostaustralien, auch Südneuguinea.

BESCHREIBUNG Unterscheiden sich von der Gattung *Hyla* durch die horizontale Pupille. Glatte Haut, plump wirkender Körper, meist grün, manchmal bräunlich gefärbt. Fingerspitzen mit großen Haftscheiben. Männchen haben eine dunkle Kehle.

HALTUNG Dämmerungs– und nachtaktiv, sitzen tagsüber meist schlafend auf Ästen oder Blättern. Sehr standorttreu; man kann sie in einem Blumenfenster auch frei halten. Eine Wasserschale darf nicht fehlen. Lernen, Futter aus der Hand zu nehmen. Abends sprühen!

TEMPERATUR 23–28 °C, nachts 20 °C.

ZUCHT Nur in sehr großen Terrarien mit Wasserteil möglich. Erst Trockenzeit (2 Monate) und anschließend Regenzeit (täglich mehrmals sprühen) simulieren. Männchen umklammert Partnerin axillar. Laichballen beinhalten 100–200 Eier, insgesamt bis zu 2000. Larven aufteilen und in großen veralgten Wannen und Becken aufziehen. Aufzucht unproblematisch.

FUTTER Nur alle 4–5 Tage große Insekten, selbst Jungmäuse.

Kubalaubfrosch
Osteopilus septentrionalis
(Duméril & Bibron, 1841), Hylidae

GRÖSSE M. bis 6,4 cm, W. bis 9 cm (maximal bis 14 cm).

VERBREITUNG Kuba, Bahamas und angrenzende Inseln, aber auch im Süden Floridas und den Keys.

BESCHREIBUNG Kräftige Laubfroschgestalt mit breitem, flachem Kopf. Haut auf dem Kopf mit knöcherner Schädeldecke verwachsen. Trommelfell mittelgroß, darüber eine Hautfalte. Finger und Zehen mit großen Haftscheiben. Färbung meist hell– bis olivbraun, Seiten hellbräunlich gelb. Männchen mit Kehlfalte.

HALTUNG Großes, hohes Aquaterrarium mit Kletterästen und Verstecken. Nur sehr kräftige Pflanzen. Abends leicht sprühen.

TEMPERATUR Luft 24–28 °C, Wasser 24–25 °C.

ZUCHT Männchen bilden an der Innenseite des 1. Fingers schwarze Brunftschwielen und rufen mit einem lauten, krächzendem Schnarren. Terrarium häufig überbrausen. Weibchen wird axillar umklammert. Larven sind in algenbewachsenen Wannen leicht aufzuziehen. Häufiger Wasserwechsel! Jungfrösche fressen fliegende Insekten, frisch geschlüpfte Heimchen und Grillen.

FUTTER Fliegende Insekten. Lernen aber auch, Grillen und Heimchen nachzustellen.

Goldbaumsteiger
Dendrobates auratus
(Girard, 1854), Dendrobatidae

GRÖSSE Bis 4 cm.
VERBREITUNG Panama, Nordwest-kolumbien.
BESCHREIBUNG Zierlicher Körper, Kopf spitz gerundet. Trommelfell deutlich. Finger mit zweigeteilten Haftplatten. Haut glatt. Schwarze, lackartige Grundfarbe, grün oder hellblau (nicht orange) gebändert.
HALTUNG Kleines Regenwaldterrarium für Pfeilgiftfrösche mit halben Kokosnussschalen und Bromelien. Täglich sprühen.
TEMPERATUR Je nach Herkunft: 21–24 °C (Costa Rica), 25–28 °C (Panama).
ZUCHT Ruf gleicht einem trillernden Schnarren. Weibchen streicht abwechselnd mit der rechten und linken Hand über den Rücken des Männchens. Balzstreicheln geht weiter, bis Höhle gefunden und aufgesucht wird. Weibchen legt 3–25 schwarze Eier ab, Männchen besamt und befeuchtet Gelege. Kaulquappen schlüpfen nach etwa 8 Tagen. Männchen trägt sie ins flache Wasser und entläßt sie dort. Aufzucht zu mehreren.
FUTTER Winzige Insekten u.ä..

Blauer Pfeilgiftfrosch
Dendrobates azureus
(Hoogmoed 1969), Dendrobatidae

GRÖSSE 4–6 cm.
VERBREITUNG Südsuriname.
BESCHREIBUNG Diese attraktiven Frösche zeichnen sich durch verschiedene metallische Blautöne aus. Gliedmaßen meist türkisblau, Rücken und Kopfoberseite hellblau. Auf dem Rücken und Kopf befinden sich schwarze unregelmäßige Flecken. Finger- und Zehenspitzen gewöhnlich hellblau. Männchen mit vergrößerten Haftscheiben an den Fingern.
HALTUNG Kleines Regenwaldterrarium mit Wasserteil, halbierten Kokosnussschalen und Bromelien. Täglich sprühen.
TEMPERATUR 26–28 °C, Luftfeuchtigkeit etwa 80 %.
ZUCHT Brummende Rufe der Männchen kaum wahrnehmbar. Balz wie bei anderen Dendrobatiden. Haltung paarweise, in großen Behältern auch als Zuchtgruppe. Männchen bewacht und befeuchtet das Gelege und transportiert auch die Kaulquappen ins Wasser (23–25 °C). Aufzucht wie *D. auratus*. Metamorphose nach 85–105 Tagen.
FUTTER Winzige Insekten u. Ä.

Granulierter Pfeilgiftfrosch
Dendrobates granuliferus
(Taylor, 1958), Dendrobatidae

GRÖSSE Bis 2,2 cm.
VERBREITUNG Panama.
BESCHREIBUNG Wie *D. pumilio* rote Grundfarbe, seltener gelb-oliv, hin und wieder hellgelb punktiert. Beine und Bauch manchmal blau und schwarz marmoriert. Haut granuliert und weniger glatt.
HALTUNG Kleines Regenwaldterrarium mit Bromelien und halbierter Kokosnussschale als Versteckmöglichkeit. Täglich sprühen.
TEMPERATUR 22–26 °C, Luftfeuchtigkeit etwa 80 %.
ZUCHT Wie *D. pumilio*. Gelege 5–16 Eier, Metamorphose nach 90–160 Tagen.
FUTTER Winzige Insekten u. Ä.

Gebänderter Baumsteiger
Dendrobates leucomelas
(Steindachner, 1864), Dendrobatidae

GRÖSSE 3,1–3,8 cm.
VERBREITUNG Nordostbrasilien, Venezuela, Guyana, Surinam (50–800 m).
BESCHREIBUNG Haut glatt und lackschwarz gefärbt mit breiten gelben Querbändern. In den gelben Bändern befinden sich ebenfalls schwarze Flecken.
HALTUNG Kleines Regenwaldterrarium mit halbierter Kokosnussschale, Bromelien und Wasserteil. Täglich sprühen.
TEMPERATUR 25–29 °C, hohe Luftfeuchtigkeit.
ZUCHT Männchen geben einzelne „Quärr"-Laute ab, z. T. auch Triller. Zeigt ein Weibchen Interesse, sucht das Männchen einen geeigneten Eiablageplatz (Höhle), Weibchen folgt, Männchen befeuchtet Ablageplatz und später die Eier (5–12). Nach 2–3 Wochen schlüpfen die Larven und werden vom Männchen ins Wasser (25 °C) transportiert. Einzelhaltung der Larven zu empfehlen! Fressen Algen und gehackte Mückenlarven etc. Metamorphose nach etwa 100 Tagen.
FUTTER Winzige Insekten u. Ä.

Erdbeerfröschchen
Dendrobates pumilio
(Schmidt, 1858), Dendrobatidae

GRÖSSE Bis 2,4 cm.
VERBREITUNG Nicaragua, Costa Rica, Panama (Meereshöhe bis 1000 m).
BESCHREIBUNG Rot gefärbt und spärlich schwarz gemakelt. Hintere Gliedmaßen dunkelblau und schwarz marmoriert. Exemplare aus Panama können völlig abweichend gefärbt sein: Sie besitzen auf gelbem Grund große braune Flecken und ihre Gliedmaßen sind fein gepunktet.
HALTUNG Kleines Regenwaldterrarium mit Wasserteil und Bromelien. Täglich sprühen.
TEMPERATUR 23–29°C, hohe Luftfeuchte.
ZUCHT Rufe der Männchen sind einzelne oder lange „Quärr"-Laute. Weibchen folgt Männchen auf Blätter, Bromelien o.ä. Männchen feuchtet Eiablageplatz an. Beide Eltern bewässern das Gelege. Weibchen transportiert die Eier in die wassergefüllte Blattachsel oder in den Trichter der Bromelie. Einzelhaltung der kannibalischen Larven erforderlich. Larven streng oophag. Weibchen füttert die Larven mit Nähreiern (unbefruchtete Eier). Gelege und Entwicklung siehe *D. granuliferus*.
FUTTER Winzige Insekten u. Ä.

Färberfrosch
Dendrobates tinctorius
(Schneider, 1799), Dendrobatidae

GRÖSSE Bis 6 cm.
VERBREITUNG Französisch Guyana, Nordostbrasilien, Selva.
BESCHREIBUNG Größte Dendrobatiden-Art, mit breiten, gelben, zum Teil verbundenen Streifen. Beine blau, schwarz gefleckt.
HALTUNG Typisches Pfeilgiftfroschterrarium (Regenwaldterrarium) mit halben Kokosnussschalen und Wasserteil. Als Bodendecker eignen sich Moospolster und Bubikopf (*Helxine*), Wurzeln als Versteck- und Klettermöglichkeit.
TEMPERATUR 18–26 °C, hohe Luftfeuchte.
ZUCHT Wie *D. auratus* und *D. leucomelas*. Ein Gelege umfasst 3–14 Eier, Männchen bewässert regelmäßig das Gelege. Bis zur Metamorphose dauert es 9–12 Wochen Die Jungfrösche sind nach etwa 12 Monaten geschlechtsreif.
FUTTER Winzige Insekten u. Ä.

Grüner Riesengiftfrosch
Epipedobates trivittatus (Spix, 1824)
Dendrobatidae

GRÖSSE 3,2–5 cm

VERBREITUNG Tieflandwälder von Guayana, Suriname, des Amazonasbeckens bis Kolumbien, Ecuador, Peru und Brasilien.

BESCHREIBUNG Rücken schwarz, mit oder ohne gelben, gelbgrünen oder hellgrünen durchgehenden oder unterbrochenen Rückenstreifen. Hin und wieder Rücken schwarz mit grüner Marmorierung, selten einfarbig grün. Entlang der Seiten zieht dann oft ein gelber, gelbgrüner oder orangefarbener Streifen. Rückenhaut granuliert.

HALTUNG Kleines Regenwaldterrarium (Pfeilgiftfroschterrarium) mit halben Kokosnussschalen und Wasserteil.

TEMPERATUR 24–27 °C, hohe Luftfeuchte.

ZUCHT Männchen äußert unregelmäßige Einzellaute und sucht geeignete Höhle als Eiablageplatz. Weibchen folgt ihm in die Höhle. Männchen befeuchtet Eiablageplatz. Nach der Eiablage bewässert das Männchen das Gelege(bis 30 Eier) und transportiert nach etwa 2–3 Wochen die Kaulquappen zum Wasserteil. Larven können gemeinsam mit zerhackten Mückenlarven, Zierfischtrockenfutter u. Ä. aufgezogen werden, am besten in veralgten Becken. Metamorphose nach 40–60 Tagen.

FUTTER Winzige Insekten u. Ä..

Dreifarbiger Giftfrosch
Epipedobates tricolor
(Boulenger, 1899), Dendrobatidae

GRÖSSE Bis 2,7 cm, Männchen kleiner.

VERBREITUNG Südostecuador und benachbartes Peru (200–800 m).

BESCHREIBUNG Grundfarbe rot, rotbraun oder schwarz mit 3 von der Schnauzenspitze bis zum Rumpfende reichenden weißen, gelben, rostbraunen oder blauen Streifen

HALTUNG Kleines Regenwaldterrarium mit halbierten Kokosnussschalen und Wasserteil. Sehr aggressiv. Ständig unterdrückte Exemplare unbedingt umquartieren.

TEMPERATUR 18–30 °C, Luftfeuchtigkeit 70–90 %.

ZUCHT Männchen läßt seine melodiösen Triller hören. Die Gelege (10–20, maximal 35 Eier) werden auf glatte Flächen (Blätter, Petrischalen) abgelegt, Männchen bewacht und trägt die Kaulquappen zu mehreren ins Wasser (26 °C). Kaulquappen können gemeinsam, besser in kleinen Gruppen aufgezogen werden. Sie verzehren u. a. auch zerhackte Mückenlarven und Zierfischtrockenfutter. Metamorphose nach 40–50 Tagen.

FUTTER Winzige Insekten u. Ä..

Gestreifter Blattsteiger
Phyllobates lugubris (Schmidt, 1858)
Dendrobatidae

GRÖSSE Bis 3,2 cm, Männchen kleiner.
VERBREITUNG Karibikküstenseite Costa Ricas bis Westpanamas und vorgelagerte Inseln der Bocas-del-Toro-Region.
BESCHREIBUNG Häufig schwarz mit zwei dorsolateralen Goldstreifen. Die Flanken und Gliedmaßen sind smaragdgrün gefärbt.
HALTUNG Kleines Regenwaldterrarium mit halbierten Kokosnussschalen. Die Frösche bevorzugen in der Natur Uferregionen langsam fließender Rinnsale und Bäche.
TEMPERATUR 24–28 °C, nachts 20–23 °C.
ZUCHT Laichen in Höhlen ab. Ein Gelege umfasst 8–18 Eier. Schlupf nach 2–2,5 Wochen. Die Larven werden vom Männchen im Wasserteil abgesetzt und sind untereinander nicht aggressiv. Junge und ältere Kaulquappen können durchaus gemeinsam im Wasserteil leben. Allesfresser, die auch Algen und Zierfischtrockenfutter nicht verschmähen. Aufzucht in Gruppen zu 12–15 Jungfröschchen mit vitaminisiertem Futter.
FUTTER Winzige Insekten u. Ä.

Blattsteigerfrosch, Pfeilgiftfrosch
Phyllobates terribilis (Myers, Daly & Malkin, 1978), Dendrobatidae

GRÖSSE 3,7–4,6 cm.
VERBREITUNG Kolumbien (Cordillera occidentalis).
BESCHREIBUNG Sehr giftig. Haut glatt, Grundfarbe ist ein helles Gelb oder Orange. Manche Exemplare sind metallisch grün. Der Bauch ist einfarbig goldgelb oder orange gefärbt. Männchen erkennt man an der leicht grün gefärbten Kehlstimmfalte.
HALTUNG Kleines Regenwaldterrarium mit geräumigem Wasserteil. Halbierte Kokosnussschalen und Wurzeln als Versteckmöglichkeiten. Gute Bepflanzung mit breitblättrigen, niedrigen Pflanzen ist angebracht.
TEMPERATUR 24–27 °C, hohe Luftfeuchtigkeit.
ZUCHT Wie bei *P. lugubris* beschrieben.
FUTTER Winzige Insekten u. Ä.

In der Natur haben Froschlurche einen großen Bewegungsradius.

In der Natur wird der Bewegungsradius der Froschlurche durch ihre biologischen und ökologischen Bedürfnisse bestimmt. Je mehr man darüber weiß, umso eher ist man in der Lage, Froschlurchen eine artgerechte Unterbringung zu ermöglichen.

Obwohl man einige Arten zeitweise auch in einem ausbruchsicheren Freilufterrarium halten kann, ist für Froschlurche grundsätzlich ein Zimmerterrarium einzuplanen.

Das richtige Terrarium

Aquarium, Aquaterrarium oder Terrarium?

Bevor Sie sich einen Behälter für die Haltung von Frochlurchen anschaffen, müssen Sie wissen, welche Arten Sie später darin pflegen möchten. Denn die Art, Größe und Form des Behälters richtet sich in erster Linie nach der

Lebensweise seiner Bewohner. Für kletternde Arten sind höhere Terrarien, für Bodenbewohner großflächigere Terrarien sinnvoll. Und für aquatil lebende oder streng an das Wasser gebundene Arten kann man auch einfach ein Aquarium nehmen.

Standort

Haben Sie sich für einen bestimmten Behälter entschieden, muss auch die Frage geklärt werden, wo das Aquarium, Aquaterrarium oder Terrarium später einmal stehen soll. Denn nicht jeder Standort ist gleich gut geeignet. Und ein einmal eingerichteter Froschlurchbehälter ist so schwer, dass er nicht ohne weiteres mal eben an eine andere Stelle getragen werden kann.

Kauf

Die Anschaffung eines geeigneten Aquariums oder Terrariums stellt heute kein Problem mehr dar, denn es gibt sie im Zoohandel in fast allen notwendigen Größen zu kaufen. Sollten Sie eine bestimmte Stelle innerhalb Ihrer Wohnräume favorisieren und muss der Behälter deshalb bestimmte Maße haben, können Sie in einem Zoogeschäft Ihr Aquarium oder Terrarium auch in den gewünschten Maßen bestellen. Sonderanfertigungen sind allerdings teurer als Behälter in genormten Größen. Berücksichtigen Sie bei Sondergrößen außerdem rechtzeitig, dass zum eigentlichen Behälter auch ein Lampenkasten, eventuell eine Filteranlage und Platz für andere technische Hilfsmittel hinzugerechnet werden müssen.

Form und Größe des Terrariums richten sich dann letztendlich nach der Froschart, die Sie in diesem Behälter halten, pflegen und vielleicht auch vermehren möchten.

An diesen Stellen sollte ein Froschlurchbehälter auf keinen Fall stehen

- An schlecht isolierten Außenwänden: Hier kann die Luft hinter dem Aquarium, Aquaterrarium oder Terrarium nicht zirkulieren. An solchen Stellen wird und bleibt es immer leicht feucht und es kommt dann oft zur Bildung von Schimmel.

- In Räumen, die wesentlich kühler oder wärmer sind als die Temperatur, die in der Froschlurchunterkunft herrschen soll.

- In Räumen, die man schlecht belüften kann oder in denen viel geraucht wird.

- Im Schwenkbereich von Fenstern und Türen, da Aquarien oder Terrarien dort immer im Weg stehen und es dann leicht zu Glasschäden kommen kann.

- Vor einem Fenster. Scheint im Sommer die Sonne in das Becken, kann sich dieses unverhältnismäßig erwärmen und das Leben der Pfleglinge in Gefahr geraten. Außerdem kann die Luft zwischen Behälter und Fenster nicht mehr gut zirkulieren, das Fenster beschlägt dann oft.

Terrarientechnik

Für die Haltung einiger Froschlurcharten genügen Zimmertemperaturen (18–20 °C), sodass für sie keine zusätzliche Heizung erforderlich ist. Bei den meisten subtropischen und tropischen Arten kann man darauf aber nicht verzichten.

Um in dem künstlichen Lebensraum das für die Pflanzen und Tiere notwendige Klima erzeugen zu können, werden einige technische Geräte und Hilfsmittel benötigt.

Wasser und Wasserreinigung

Für alle Froschlurche, die mit Wasser in Berührung kommen, ob sie ständig darin leben oder es nur zum Laichen aufsuchen, ist unser Trinkwasser qualitativ grundsätzlich geeignet. Es müssen keine besonderen Aufbereitungen vorgenommen werden.

Natürlich gibt es einige Froschlurcharten, die in der Natur sogar in relativ sauren Gewässern leben können (z. B. Moorfrosch). Die Betonung liegt auf „können", sie müssen es nicht. Mit dieser Fähigkeit sind sie lediglich in der Lage, auch derartige Gewässer zu nutzen, die anderen, weniger säuretoleranten Arten verschlossen bleiben.

Das Wasser in einem Aquarium oder Aquaterrarium muss stets sauber gehalten werden. Dies ist heute jedoch kein Problem mehr. Es gibt im Zoohandel zahlreiche Filteranlagen, die leicht zu installieren und zu reinigen sind. Bei der Pflege von Froschlurchen muss man jedoch immer einen Außenfilter nehmen. Damit die Tiere nicht angesaugt werden, hängen bleiben und ertrinken können, muss sich am Einsaugstutzen des Filters eine siebförmige Schutzkappe befinden.

In einem Regenwaldterrarium muss regelmäßig mit Wasser gesprüht werden.

Denn trotz ihrer aquatilen Lebensweise müssen auch Froschlurche wie Krallenfrösche oder Wabenkröten immer wieder einmal an die Wasseroberfläche, um Luft zu holen.

Filtersubstrat

Da es bei der Filterung des Wassers im Wesentlichen auf die Beseitigung von Schwebstoffen aus dem Wasser ankommt, genügt als Filtermaterial einfache Filterwatte. Nur bei der Aufzucht von Froschlarven (Kaulquappen) in Großbehältern oder großen Aquarien kann Aktivkohle als zusätzliches Filtersubstrat hilfreich sein. Ansonsten ist das Wasser bei der Aufzucht von Kaulquappen möglichst täglich zu einem Drittel zu wechseln, bei empfindlichen Arten sogar zur Hälfte oder gar zwei Dritteln. Denn viele Larven scheiden Stoffe aus, die andere Kaulquappen im Wachstum hemmen und mit der Zeit verkümmern lassen.

Heizung

Amphibien sind als wechselwarme Lebewesen immer von den Außentemperaturen abhängig. In der Natur ist die Sonne nicht nur Licht-, sondern auch Wärmelieferant. Daher bietet es sich an, für die Amphibien die Wärmestrahlung ebenfalls von oben zu organisieren. Heizkabel, Heizfolien und Heizmatten haben daher bei der Haltung von Froschlurchen kaum eine Bedeutung. Lediglich bei rein aquatil lebenden Arten muss man manchmal das Wasser mit einem regelbaren Aquarienheizstab auf die gewünschten Temperaturen bringen. Wird das Wasser gefiltert, kann man auch einen Außenfilter mit eingebauter Heizung einsetzen.

CHECKLISTE

Anforderungen an ein Froschterrarium

- Das Terrarium muss die Tiere am Entweichen hindern.

- Es benötigt einen leichten Zugang durch Schiebescheiben.

- Die Zufuhr von Frischluft muss gewährleistet sein.

Rund um den Froschkauf

▶ WO KAUFT MAN FRÖSCHE?

Die erste Adresse ist immer das Zoofachgeschäft mit Amphibien- und Reptilienab-
teilung. Bei den dort angebotenen
Fröschen handelt es sich in erster Linie
um Wildfänge. Um an Adressen von
Froschlurchzüchtern zu kommen, emp-
fiehlt sich eine Nachfrage bei der Deutschen Gesellschaft für Herpetologie und
Terrarienkunde e.V. (DGHT, Adresse im
Anhang).

▶ WORAUF IST BEIM KAUF ZU ACHTEN?

Seien Sie beim Kauf von Fröschen, Kröten
und Unken sehr kritisch. Beobachten Sie
die in Frage kommenden Tiere einige Zeit
ganz genau, ob sie sich „normal" verhalten. Dazu muss man sich schon vorher
mit der Biologie und Lebensweise der
betreffenden Art vertraut gemacht haben,
denn sonst kann man nicht beurteilen,
was als „normal" anzusehen ist.
Auch wenn die Zeichen für ein gesundes
Tier sprechen, ist dies jedoch noch keine
Garantie! Setzen Sie die Tiere deshalb
nach dem Kauf unbedingt zunächst in ein
Quarantänebecken (❍ S. 92).

▶ WIE TRANSPORTIERT MAN FRÖSCHE?

Landlebende Froschlurche werden
gewöhnlich in Kunststoffdosen transportiert, auf deren Boden sich feuchtes bis
nasses Fließpapier befindet. Je nach
Außentemperatur muss dieser Behälter
gegen zu hohe bzw. zu niedrige Temperaturen isoliert werden. Hierzu bieten sich
Kartons an, die man mit Papierknäueln
ausfüttert.

Lichtquellen

Eine viel wichtigere Rolle als die Heizung
eines Froschterrariums spielt dessen
Beleuchtung. Es gibt inzwischen auf dem
Lampenmarkt eine Fülle unterschiedlicher
Angebote, mit denen Terrarien für Froschlurche nicht nur optimal beleuchtet, sondern bei
der Wahl der richtigen Lampen auch beheizt
werden können.
Unter den Froschlurchen gibt es solche, die
entweder tagsüber, nachts oder in den Däm-
merungsphasen aktiv sind. Aber auch bei
den beiden Letzteren müssen die natürlichen
Tageslichtlängen ihrer Heimat berücksichtigt
und imitiert werden.

Sonnen- und Kunstlicht

Das Sonnenlicht setzt sich aus verschiedenen Farben zusammen, die davon sichtbaren
kann man bei einem Regenbogen recht gut
erkennen. Die Farben unterscheiden sich in
ihren Wellenlängen voneinander, die man
wiederum in Nanometer (nm = milliardstel
Meter) misst. Bewegen sich die Strahlen mit
einer Wellenlänge unterhalb von 380 nm
(UV-Licht) und oberhalb von 780 nm (Infra-
rotlicht), sind sie für uns nicht sichtbar.
Inzwischen gibt es etliche Lampen im Handel, deren Lichtfarben dem Sonnenlicht
ähnlich sind. Obwohl die gepflegten Froschlurche vielleicht gar nicht ein so großes
Lichtangebot benötigen, muss man auch an
die Pflanzen im Terrarium denken, die bei
einer falschen Beleuchtung schnell verkümmern können. Welche Lampen sind also
besonders gut geeignet?

Leuchtstofflampen

Die meist als Leuchtstoffröhren bezeichneten
Lampen haben den Vorteil, dass sie eine

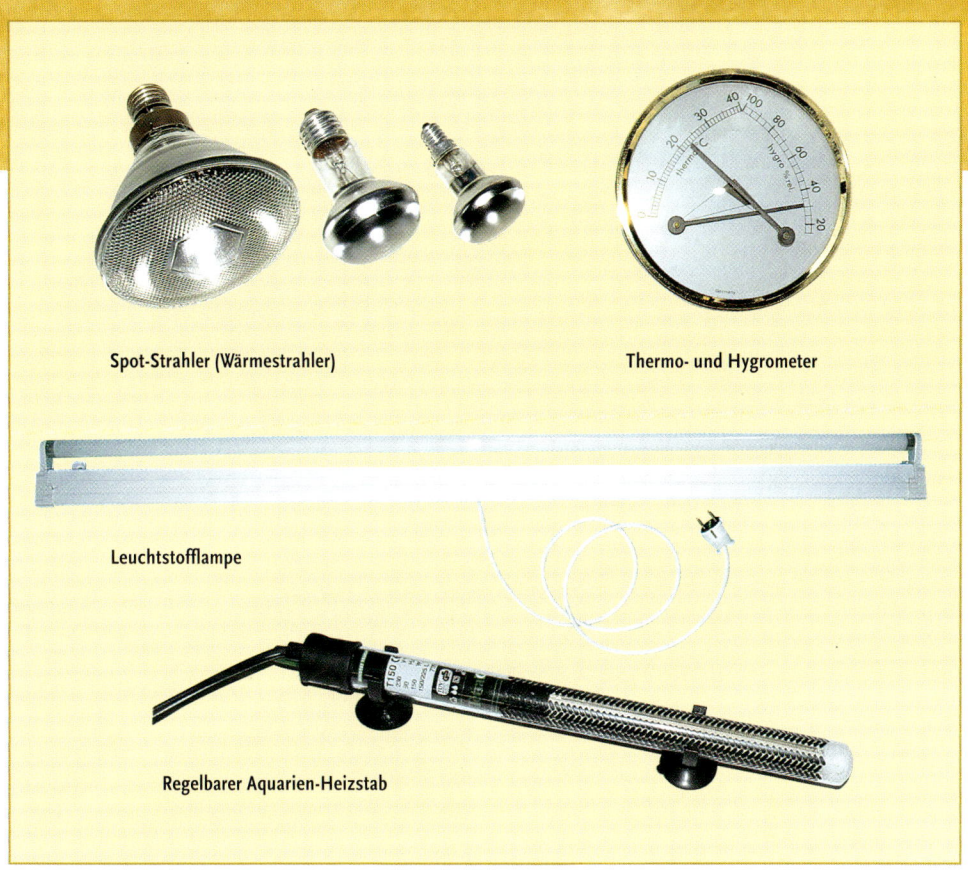

Spot-Strahler (Wärmestrahler)

Thermo- und Hygrometer

Leuchtstofflampe

Regelbarer Aquarien-Heizstab

große Lichtausbeute haben, relativ kosten-
günstig und in sehr vielen unterschiedlichen
Größen und Formen zu erhalten sind. Beim
Einsatz verschiedener Leuchtstofflampen-
typen kann man mit ihnen eine optimale
Farbwiedergabe erreichen. Für Aquarien gibt
es genormte Lampenkästen in verschiedenen
Größen, komplett mit den entsprechenden
Leuchtstofflampen. Jedoch geben Leuchtstoffröhren nicht sehr viel Wärme ab, sodass
man um das Leben der Pfleglinge bangen
muss.

LAMPEN MIT UV-ANTEIL Inzwischen gibt es
im Zoohandel auch Terrarienlampen mit
leichtem UV-Anteil, die bei der Haltung von
Froschlurchen von Vorteil sind. Von besagten
Leuchtstofflampen gehen nicht nur Licht-

strahlen, sondern auch für uns unsichtbare
Wärmestrahlen aus. Insbesondere die
„Umschaltdrosseln" jener Leuchtstofflampen
erzeugen Wärme, die man durch geschicktes
Anbringen an einer geeigneten Stelle, z. B.
hinter der Rückwand oder unter dem Boden
des Wasserteiles, als Wärmequelle verwenden kann.

HQL- UND HQI-LAMPEN Auf die wesentlich
stärkeren Quecksilberdampf-Hochdruck-
lampen (HQL-Lampen) und Halogen-Metall-
dampflampen (HQI-Lampen), die häufig bei
der Pflege von Reptilien eingesetzt werden,
kann der Froschlurchpfleger getrost verzichten. Ihre Anschaffungskosten wären im Ver-
hältnis zum Nutzen für ein Froschterrarium
doch zu hoch.

Denken Sie vor der Anschaffung von Fröschen daran, dass Nachbarn das Rufen mancher Tiere stören könnte.

Spotlampen

Manche Froschlurche suchen in der Natur Sitzwarten auf, die von der Sonne gut erreicht und bestrahlt werden. Dass diese Anuren nicht den Hitzetod erleiden, wird den Betrachter so manches Mal verwundern (👁 S. 18). Aber diese Froschlurche, meist sind es Laubfrösche oder Frösche mit ähnlicher Lebensweise, könnten natürlich auch jederzeit durch einen Sprung kühlere Stellen aufsuchen.

Um auch im Terrarium bestimmten Anuren ein Sonnenbad zu ermöglichen, hängt man über einen Ast o. Ä. eine Strahlerlampe (Spot- oder Konzentralampe). Dieser Strahler muss sich jedoch unbedingt außerhalb des Terrariums befinden oder aber durch einen Drahtkorb gesichert sein, damit die Frösche nicht dagegen springen und sich verbrennen können. Bei Bodenbewohnern sind diese Vorsichtsmaßnahmen nicht nötig.

Wärmeliebende Amphibien kommen mit wesentlich geringeren Temperaturen aus als Reptilien. Daher ist es völlig ausreichend, wenn im Lichtkegel des Wärmestrahlers eine Temperatur um 30 °C erreicht wird. Die Temperatur kann man durch den Abstand zwischen Strahler und Sitzfläche bzw. die Wattstärke bestimmen.

Das Freiluftterrarium

Neben dem Zimmerterrarium ist für einige Froschlurcharten auch das Freiluftterrarium von Bedeutung. Zumindest in den Sommermonaten kann man jene Froschlurche darin halten, die mit den bei uns herrschenden Temperaturen und der relativ geringen Luftfeuchtigkeit zurechtkommen. Vor allem für Arten aus den gemäßigten Klimabereichen

ist ein Aufenthalt im Freiluftterrarium von Vorteil, da sie den natürlichen Temperaturschwankungen, der frischen Luft und dem direkten Sonnenlicht (UV-Licht) ausgesetzt sind. So wird die Zucht vieler Arten im Freiluftterrarium auch wesentlich leichter, wie z. B. die Zucht von Unken (*Bombina*) und vielen Laubfroscharten (*Hyla*).

Besonderheiten des Freiluftterrariums

Das Freiluftterrarium ist im Wesentlichen ähnlich aufgebaut wie das Zimmerterrarium. Um einer Überhitzung vorzubeugen, muss man alle Seiten statt mit Glasscheiben mit Gaze ausstatten. Aber auch beim Freiluftterrarium gilt, dass es ausbruchsicher sein muss.
Auf keinen Fall darf das Freiluftterrarium an einer zugigen Stelle stehen oder an einer Stelle, die durch Lärm oder Abgase beeinträchtigt wird oder werden kann. Außerdem sind unbedingt Schattenplätze einzurichten, die von den Pfleglingen mühelos aufgesucht werden können.
Da Freiluftterrarien deutlich größer als Zimmerterrarien geplant und gebaut werden können, kann auch der Wasserteil wesentlich geräumiger sein. Unter solchen Bedingungen können auch einige Krötenarten in Fortpflanzungsstimmung geraten, wenn man sie zuvor auch im Zimmerterrarium in ihrem natürlichen Klimarhythmus gehalten hat.

Bemooste Steine wirken im Terrarium sehr natürlich und dekorativ.

Bodengrund

In den meisten Aquarien, Aquaterrarien und Terrarien wird der Boden mit Sand, Kies oder Erde bedeckt, um der Einrichtung ein natürliches Aussehen zu verschaffen. Es gibt aber auch Froschlurche, zu deren Verhaltensrepertoir es gehört, sich in den Bodengrund einzugraben. Hier hat die Bodenbedeckung dann nicht mehr nur ästhetische Gründe. Bietet man ihnen den notwendigen Bodengrund nicht, hält man sie nicht artgerecht! Lediglich in einem Quarantänebecken oder in den Aufzuchtbehältern für Kaulquappen und Jungfrösche wird man auf Bodengrund verzichten, damit der Behälter schnell und einfach wieder gereinigt werden kann.

Geeignete Substrate

SAND wird als Bodengrund relativ häufig verwendet. Dabei sollte man auf alle Fälle rundkörnigen Flusssand und keinen scharfkantigen Quarzsand nehmen. Außerdem darf der Sand keine Kalk- oder Lehmanteile besitzen. Denn in Verbindung mit Wasser wird daraus immer eine trübe Brühe. Wählen

Sie die Körnung nicht unter 1 mm. Vielfach besser geeignet als Sand ist feiner oder mittelgrober Kies.

ERDE Für stark grabende Froschlurche ist lockerer Bodengrund in Form von gesiebter Buchenlauberde oder ein Gemisch aus Lauberde und Sand recht gut geeignet. Das Gleiche gilt für tropische Regenwaldterrarien. Für solche Terrarien kann man aber auch ungedüngte Blumenerde als Bodengrund verwenden. Aus optischen Gründen kann man einige Stellen mit Californiarinde abdecken, die bei Verschmutzung recht einfach gegen neue auszutauschen ist.

BLÄHTON Um eine möglichst hohe Luftfeuchtigkeit zu halten, dabei jedoch keine Staunässe mit der entsprechenden Schimmelbildung auszulösen, haben sich als Bodengrund für Pfeilgiftfrösche auch Blähtonkugeln als geeignet erwiesen. Zudem kann man in die Blähtonkugelschicht Mulden drücken, sodass kleine wassergefüllte Stellen entstehen. Blähton ist auch wesentlich leichter als Kies der gleichen Menge.

BAUMFARNPLATTEN Als Bodengrund für Pfeilgiftfroschterrarien haben sich auch Baumfarnplatten (XAXIM o. Ä.) bewährt, die man
zurechtsägen und miteinander verbinden
kann. Es lassen sich auch Löcher hinein-
sägen, die später Kleingewässer darstellen.
Pflanzen wie *Ficus pumila* wachsen auf Baumfarnplatten auch noch hervorragend und
überdecken dabei unschöne Stellen. Außerdem kann man mit diesen Platten auch
höher gelegene „Balkone" fertigen, die man
mit Ampelpflanzen besetzt.

Dekoration

Steine

Hübsche Steine können in Froschterrarien
durchaus dekorativ eingesetzt werden. In
einem Aquaterrarium dienen sie als Insel, in
einem Terrarium durch eine geschickte
Anordnung als Versteckmöglichkeit (Kunsthöhle). Stapelt man hierzu Steinplatten über-
einander, müssen sie so fest verankert sein,
dass sie nicht durch Grabetätigkeiten der
Frösche zusammenstürzen und die Tiere
unter sich begraben können. Am besten stellt
man die Stützsteine der zukünftigen Kunsthöhle direkt auf den Terrarienboden, bevor
der Bodengrund eingebracht wird.

Wurzeln, Äste, Kokosschalen

Für Wurzeln, Äste und andere schwere Materialien gilt im Prinzip das Gleiche. Man sollte
jedoch darauf achten, dass man keine leicht
verwitterbaren Wurzeln nimmt, die zudem
leicht Schimmel ansetzen können. Besonders
gut geeignet sind Moorkienwurzeln, Moorei-
che, Eisen-, Savannen- und Mangrovenholz,
aber auch Korkeichenstücke.

Korkeichenrinde als Versteckmöglichkeit.

Savannenholz als Dekomaterial.

Bereits durch ein hohl aufliegendes Kork-
eichenstück lässt sich eine einfache Kunsthöhle als Unterschlupf und Versteck schaf-
fen. Den gleichen Zweck kann auch eine
Kokosnussschale oder ein halbierter Tonblu-
mentopf erfüllen. Vor allem Kokusnussscha-
len werden gern bei der Pflege von Pfeilgiftfröschen eingesetzt, da sie natürlicher wirken
als Blumentöpfe und leichter sind als Steine.

Rückwandmaterial

Als Material für Rückwände, vor allem jene,
die später bepflanzt werden oder an denen
Kletterpflanzen Halt finden sollen, ist Presskork sehr gut geeignet. Aber auch Baumfarnplatten (XAXIM) und Kokosfasermatten
können Verwendung finden. Es gibt diese
Materialien in allen möglichen Stärken und
als Platten, die man leicht zurechtsägen
kann. Eine weitere Möglichkeit ist, die Rückwand mit Hilfe von Silikonkautschuk mit
Rindenstückchen zu bekleben.

Geeignete Pflanzen für Froschterrarien

Die Palette geeigneter Pflanzen für Frosch-behälter ist sehr groß. In fast jedem Zoo-geschäft mit Aquarienabteilung und in größe-ren Gartencentern kann man schnell fündig werden. Die folgenden Pflanzenporträts sollen Ihnen die Auswahl etwas erleichtern.

Verschiedene Pflanzen für unterschiedliche Terrarientypen

Für Aquarien mit Krallenfröschen und klein bleibenden Wabenkröten sind einige gängige **Wasserpflanzen** aufgeführt.

Sumpfpflanzen vertragen feuchte Füße und sind bei der Bepflanzung von Aquaterrarien geeignet. Denn manche Aquarienpflanze ist in der Natur eigentlich eine Sumpfpflanze. Die vorgestellten **Landpflanzen** eignen sich als zentrale Pflanze in einem Terrarium, die gleichzeitig als Blickfang, Versteck- oder Klet-termöglichkeit und Sitzwarte dient.

Ampelpflanzen und **Kletterpflanzen** sind jene, die Ausläufer mit Haftvorrichtungen ausbilden und an rauen Stellen in die Höhe klettern oder einfach herabhängen. Manche Kletterpflanze ist sogar in der Lage, an glat-ten Glaswänden hochzuranken, wie z. B. *Ficus pumila*.

Epiphyten oder Aufsitzerpflanzen sind Pflan-zen, denen die Stämme und Äste der Bäume nur als Unterlage dienen. Sie nutzen diese exponierten Standorte wegen der dort herr-schenden besseren Lichtverhältnisse. Manchmal benutzen Epiphyten auch Felsen oder sogar Telefondrähte als Unterlage. Vor allem in einem tropischen Regenwaldterrari-um mit Pfeilgiftfröschen dürfen epiphytische Bromelien nicht fehlen.

Zwergspeerblatt
Anubias nana

TYP Wasserpflanze.
HEIMAT Tropisches Afrika.
HÖHE Bis 15 cm.
STANDORT Halbschatten.
TEMPERATUR Um 24 °C.
WASSER Anspruchslos.
BEMERKUNGEN Bildet Rhizome, ist sehr robust und haftet gut auf Steinen und Wurzeln.

Zwergschwertpflanze
Echinodorus quadricostatus

TYP Wasserpflanze.
HEIMAT Nordwestliches Südamerika
HÖHE 8–13 cm.
STANDORT Sonnig.
TEMPERATUR 20–25 °C.
WASSER Eher etwas weicheres Wasser.
BEMERKUNGEN Bildet bei Langtagsbeleuchtung schmalere Blätter als bei Kurztagsbeleuchtung.

Langblättrige Wasserähre
Aponogeton elongatus

TYP Wasserpflanze.
HEIMAT Australien.
HÖHE 15–20 cm
STANDORT Hell.
TEMPERATUR 22–26 °C.
WASSER Mittelhart.
BEMERKUNGEN Pflegeleicht. Attraktiv gewellte Blattränder.

Javafarn
Microsorium pteropus

TYP Wasserpflanze.
HEIMAT Südostasien.
HÖHE Bis 30 cm.
STANDORT Halbschatten.
TEMPERATUR Um 24°C.
WASSER Anpassungsfähig, eher weiches, leicht saures Wasser.
BEMERKUNGEN Aufsitzerpflanze, Vermehrung durch Trennung der Kriechwurzel.

Flutendes Pfeilkraut
Sagittaria subulata

TYP Wasserpflanze.
HEIMAT Östliches Nordamerika.
HÖHE 5–15 cm.
STANDORT Halbschatten.
TEMPERATUR 16–25 °C.
WASSER Anspruchslos.
BEMERKUNGEN Bildet durch Ausläufer rasenartige Flächen, leicht vermehrbar.

Schraubenvallisnerie
Vallisneria asiatica

TYP Wasserpflanze.
HEIMAT Südostasien und Japan.
HÖHE Bis 25 cm.
STANDORT Hell.
TEMPERATUR 16–25 °C.
WASSER Mittelhart.
BEMERKUNGEN Sehr vermehrungsfreudig, bildet dichte Bestände, in denen sich Zwergkrallenfrösche gern verbergen.

Javamoos
Vesicularis dubyana

TYP Sumpfpflanze.
HEIMAT Indoaustralischer Archipel.
HÖHE Variabel.
STANDORT Halbschatten bis sonnig.
TEMPERATUR 20–24 °C.
WASSER Anspruchslos.
BEMERKUNGEN Bildet im Wasser dichte Polster, kann aber auch auf Steinen (Inseln, Pfeilgiftfroschterrarien) kultiviert werden. Muss dann regelmäßig überbraust werden.

Wendts Wasserkelch
Cryptocoryne wendtii

TYP Sumpfpflanze.
HEIMAT Sri Lanka
HÖHE Bis 20 cm.
STANDORT Halbschatten bis sonnig.
TEMPERATUR 20-25° C.
WASSER Anspruchslos.
BEMERKUNGEN Diese Sumpfpflanzen werden fälschlicherweise in Aquarien oft völlig untergetaucht gehalten.

Zierliches Zypergras
Cyperus gracilis

TYP Sumpfpflanze.
HEIMAT Australien, Neukaledonien.
HÖHE 20–25 cm.
STANDORT Sonnig.
TEMPERATUR 20–25 °C.
WASSER Unbedeutend.
BEMERKUNGEN Wird in Töpfen auf dem Landteil eingegraben und bildet am Uferrand dichte Bestände.

Anthurie, Flamingoblume
Anthurium spec.

TYP Landpflanze.
HEIMAT Südamerika.
HÖHE 20–50 cm.
STANDORT Halbschatten.
TEMPERATUR 20–25 °C.
BEMERKUNGEN Bildet dichte Bündel mit weißer oder roter Aronstabblüte. Sehr unempfindlich. Beliebte Pflanze bei Schaumnestbauern, wenn die Blätter z. T. über den Wasserteil ragen.

Bubiköpfchen, Heimglück
Helxine soleirolii

TYP Landpflanze.
HEIMAT Sardinien, Korsika.
HÖHE Bis 3 cm.
STANDORT Hell.
TEMPERATUR 5–20 °C.
BEMERKUNGEN Wird in Regenwaldterrarien gern als Bodendecker verwendet, vor allem für Froschlurche, die nicht zu schwer werden.

Buntwurz
Caladium spec.

TYP Landpflanze.
HEIMAT Südamerika.
HÖHE 25–40 cm.
STANDORT Halbschatten.
TEMPERATUR Ca. 21 °C.
BEMERKUNGEN Besonders gut für Regenwaldterrarien geeignet, da sie eine hohe Luftfeuchtigkeit benötigt. Es gibt viele Farbvariationen.

Dieffenbachie
Dieffenbachia spec.

TYP Landpflanze.
HEIMAT Brasilien.
HÖHE Bis zu 1 m.
STANDORT Hell, aber nicht sonnig.
TEMPERATUR 20–28 °C.
BEMERKUNGEN Nur als Jungpflanze verwendbar. Schneidet man Triebe ab, treibt sie bald an einer anderen Stelle wieder aus. Es gibt verschiedene Farbschläge, die sehr dekorativ wirken.

Einblatt, Blattfahne
Spathiphyllum spec.

TYP Landpflanze.
HEIMAT Indonesien, Südamerika.
HÖHE 30–60 cm.
STANDORT Halbschatten.
TEMPERATUR 18–32 °C , ideal sind 27 °C.
BEMERKUNGEN Vor allem *S. wallisii* findet man sehr häufig in Terrarien, da sie unverwüstlich erscheint.

Fittonie
Fittonia spec.

TYP Landpflanze.
HEIMAT Südamerika.
HÖHE 30–40 cm.
STANDORT Halbschatten, indirektes Licht.
TEMPERATUR 24–27 °C.
BEMERKUNGEN Täglich sprühen. Kann problemlos zurückgeschnitten werden, verzweigt sich dann an den Schnittstellen. Bewährt haben sich vor allem *F. argyroneura* und *F. verschaffeltii*.

Kaskarillabaum
Croton spec.

TYP Landpflanze.
HEIMAT Mittel- und Südamerika.
HÖHE Bis zu 1 m.
STANDORT Hell bis halbschattig, keine direkte Sonne.
TEMPERATUR 20–28 °C.
BEMERKUNGEN Die Pflanze wird wegen ihrer dekorativen Blätter recht häufig gepflanzt. Erscheinen Blüten, sind diese sofort zu entfernen, da die Pflanze bei der Fruchtbildung zu viel Kraft verliert.

Korbmarante
Calanthea spec.

TYP Landpflanze.
HEIMAT Südamerika.
HÖHE Je nach Art bis 1 m.
STANDORT Schatten.
TEMPERATUR 20–27 °C.
BEMERKUNGEN Gut geeignet sind die kleiner bleibenden Arten (*C. insignis, C. veitchiana, C. zebrina*).

Neoregelie
Neoregelia spec.

TYP Landpflanze.
HEIMAT Südamerika.
HÖHE Ca. 30 cm.
STANDORT indirektes Licht, direkte Sonne.
TEMPERATUR 18–26 °C.
BEMERKUNGEN Hat sich sehr gut bei der Haltung und Zucht von Pfeilgiftfröschen bewährt, die ihre Larven in Bromelientrichter oder Blattachseln absetzen. Es gibt verschiedene Arten, die als Epiphyten oder Erdbromelien zu kultivieren sind.

Nestrosette, Nidularie
Nidularium spec.

TYP Landpflanze.
HEIMAT Mittel- und Südamerika.
HÖHE 30–40 cm.
STANDORT Schatten.
TEMPERATUR 24 °C.
BEMERKUNGEN Ähnlich wie *Neoregelia*, mit den gleichen Vorteilen und ebenfalls vielen Arten und Variationen. Besonders farbenprächtig ist *N. innocenti*, einfach grün mit leuchtend zitronengelben Hochblättern ist *N. billbergioides „Flavum"*.

Pellefarn
Pellaea rotundifolia

TYP Landpflanze.
HEIMAT Südamerika.
HÖHE 25–30 cm.
STANDORT Indirektes Licht
TEMPERATUR 21–24 °C.
BEMERKUNGEN Vor allem bei kleinen Regenwaldterrarien können einige größere Pflanzen dieses zierlichen Farns schön neben Moospolstern wirken. Er muss in lockere Erde eingetopft und außen mit einer Drainageschicht (Torfmoos, *Sphagnum*) versehen werden. Täglich besprühen!

Pfeilwurz, Marante
Maranta spec.

TYP Landpflanze.
HEIMAT Mittel- und Südamerika.
HÖHE 20 cm.
STANDORT Halbschatten.
TEMPERATUR 20–27 °C.
BEMERKUNGEN Es gibt viele verschiedene Arten und Sorten. Besonders ansprechend sind die Arten *M. leuconeura*, *M. lubrensis* und *M. sanguinea*.

Sansevierie, Bogenhanf
Sansevieria spec.

TYP Landpflanze.
HEIMAT Afrika und Asien.
HÖHE Je nach Art 15–120 cm.
STANDORT Indirektes Licht.
TEMPERATUR 20–29 °C.
BEMERKUNGEN Für Kröten aus trockenen Habitaten oft einzige Pflanzmöglichkeit. Vor allem die niedriger wachsenden Arten, wie *S. trivasciata*, *S. spec. „Hahnii"*.

Vriesee, Flammendes Schwert
Vriesea spec.

TYP Landpflanze.
HEIMAT Mittel- und Südamerika.
HÖHE 50–60 cm.
STANDORT Pralle Sonne, indirektes Licht.
TEMPERATUR 20–27 °C.
BEMERKUNGEN Mit ihren lebhaft gefärbten Hochblättern sind sie eine Zierde für jedes Regenwaldterrarium. Diese Bromelien sind auch gut für Pfeilgiftfroschterrarien geeignet. Täglich sprühen. Empfehlenswert: *V. fenestralis* und *V. splendens*.

Baumfreund, Kletterphilo
Philodendron spec.

TYP Ampelpflanze, Kletterpflanze.
HEIMAT Mittelamerika.
HÖHE Bis 2 m.
STANDORT Halbschattig bis schattig, aber hell.
TEMPERATUR 21–24 °C.
BEMERKUNGEN Diese Kletterpflanze kann aus einem höher angebrachten Pflanzenkasten herabwachsen.

Dreimasterblume, Tradeskantie
Tradescantia spec.

TYP Ampelpflanze, Kletterpflanze.
HEIMAT Mittel- und Südamerika.
HÖHE 30 cm.
STANDORT Indirektes Licht.
TEMPERATUR 22–27 °C.
BEMERKUNGEN Tradeskantien werden häufig als Ampelpflanzen eingesetzt, da sie unschöne Rückwände verbergen bzw. im oberen Teil eines Terrariums Baumfröschen als Sitzwarte dienen können. Besonders empfehlenswert: *T. fluminensis* und *T. zebrina*.

Efeutute
Scindapsus auratus

TYP Ampelpflanze, Kletterpflanze.
HEIMAT Mittelamerika.
HÖHE Bis 2 m.
TEMPERATUR 20–27 °C.
STANDORT Hell bis halbschattig.
BEMERKUNG Kann wie *Philodendron* kletternd oder herabhängend kultiviert werden und ist vor allem an Rückwänden großer Regenwaldterrarien sehr dekorativ. Auch *S. pictus* ist gut geeignet, wird jedoch wesentlich seltener kultiviert.

Kletter-Ficus
Ficus pumila

TYP Ampelpflanze, Kletterpflanze.
HEIMAT Mittel- und Südamerika.
HÖHE 40–60 cm.
STANDORT Indirektes Licht.
TEMPERATUR 20–25 °C.
BEMERKUNGEN Wächst auch an Rückwänden empor und eignet sich gut als Bodendecker. Sehr attraktiv ist die Variabilität „Sunny White" mit grün-weißen Blättern.

Lanzenrosette
Aechmea spec.

TYP Ampelpflanze, Kletterpflanze.
HEIMAT Südamerika.
HÖHE Bis 60 cm.
STANDORT Hell.
TEMPERATUR 24–28 °C, hohe Luftfeuchtigkeit.
BEMERKUNGEN Diese Bromelie ist für sehr große Regenwaldterrarien mit Pfeilgiftfröschen sehr gut geeignet und kann auch im Blumentopf in Erde kultiviert werden. Nach dem Blühen sterben die Pflanzen ab, haben jedoch bereits viele Kindel gebildet.

Tillandsie, Luftnelke
Tillandsia spec.

TYP Epiphyt.
HEIMAT Mittel- und Südamerika.
HÖHE 10–15 cm.
STANDORT Indirektes Licht.
TEMPERATUR 20–27 °C.
BEMERKUNGEN Täglich 1–2-mal sprühen. Besonders bewährt haben sich *T. argentea*, *T. brachycaulos* und *T. bulbosa*. Hängend und eine lange flechtenartige Masse von fadenförmigen Stängeln bildend ist *T. usneoides*.

Weihnachtskaktus
Schlumbergera spec.

TYP Epiphyt.
HEIMAT Brasilien.
HÖHE 30 cm.
STANDORT Indirektes Licht.
TEMPERATUR 16–18 °C.
BEMERKUNGEN Für Regenwaldterrarien (Bergregenwald) mit relativ niedrigen Temperaturen geeignet. Besonders gut geeignet sind *Sch. russelliana* und *Sch. truncata*. Ähnlich aussehend ist der Osterkaktus *Rhipsalidopsis gaertneri*.

Der Glatte Krallenfrosch Xenopus laevis **ist ein rein aquatil lebender Frosch.**

Bei der Einrichtung eines Behälters für Froschlurche kommt es in erster Linie darauf an, dass die Tiere artgerecht untergebracht sind. Wie bei der Einteilung der Arten (◉ Porträts S. 26–47) werden im Folgenden auch fünf verschiedene Grundtypen vorgestellt.

Aquarium für aquatil lebende Froschlurche

Die Devise „Je größer das Aquarium, desto einfacher ist seine Pflege" gilt auch für die Haltung ständig im Wasser lebender Froschlurche.

EINRICHTEN SCHRITT FÜR SCHRITT

1 Stellen Sie das Aquarium auf eine stabile Unterlage. Zwischen diese und den Glasboden legen Sie zuvor eine dünne, maßgenaue Styroporplatte.

2 Installieren Sie das technische Zubehör (Aquarienheizstab, evtl. Filteranlage), ohne es in Betrieb zu nehmen.

3 Füllen Sie den mehrfach gewaschenen Sand oder Kies auf den Boden, bis die gewünschte Höhe erreicht ist.

4 Legen Sie die Dekosteine oder die gut gewässerte Wurzel auf den Bodengrund und drücken Sie sie etwas fest. Moorkienwurzeln müssen manchmal tagelang vorher in einer Wanne mit einem Gewicht unter Wasser gedrückt werden, bis sie keinen Auftrieb mehr haben.

5 Füllen Sie etwa 15–20 cm hoch vortemperiertes Wasser auf. Richten Sie dabei den Strahl auf einen Stein oder eine Wurzel, damit der Bodengrund nicht aufgewirbelt wird.

6 Setzen Sie die Wasserpflanzen an die vorgesehene Stelle.

7 Füllen Sie das Wasser langsam auf, bis die vorgesehene Höhe errreicht ist.

8 Nehmen Sie die technischen Geräte in Betrieb und legen Sie die Abdeckscheibe auf.

9 Beobachten Sie 2–3 Tage, ob alles gut funktioniert, bevor Sie die Krallenfrösche oder Wabenkröten einsetzen.

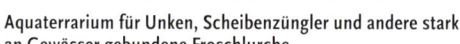

Aquaterrarium für Unken, Scheibenzüngler und andere stark
an Gewässer gebundene Froschlurche

Aquaterrarium für stark gewässerge-bundene Froschlurche

Bei Scheibenzünglern (Unken etc.) kommt es
auf die Grundfläche, bei kletternden Arten
auch auf die Höhe an. Da z. B. Chinesische
Rotbauchunken auch an Scheiben hochklettern können, muss das Aquarium ausbruchsicher mit einem Gazedeckel versehen sein,
der auf den nach innen ragenden Glasleisten
liegen kann. Als Beleuchtung und Wärmestrahler nimmt man bei nicht kletternden
Arten eine Pendellampe, die über einer Insel
hängt. Achtung: Bei kletternden Arten muss
der Wärmestrahler unbedingt über dem
Gazedeckel hängen.

EINRICHTEN SCHRITT FÜR SCHRITT

1. Stellen Sie das Aquarium auf eine stabile
    Unterlage. Zwischen diese und den Glas-
    boden legen Sie zuvor eine dünne, maß-
    genaue Styroporplatte.
2. Installieren Sie (wenn überhaupt nötig)
    das technische Zubehör, ohne es in
    Betrieb zu nehmen.
3. Füllen Sie den mehrfach gewaschenen
    Sand oder Kies auf den Boden, bis die
    gewünschte Höhe erreicht ist.
4. Legen Sie die als Insel oder Uferabschnitt
    vorgesehenen Steine oder Wurzel auf den
    Bodengrund und drücken Sie diese etwas
    fest.
5. Füllen Sie vortemperiertes Wasser bis
    knapp unter den Rand der „Inseln" auf.
6. Setzen Sie nun die Sumpfpflanzen in Töp-
    fen in den Bodengrund und die Kletter-
    pflanzen auf den Landteil.
7. Nehmen Sie – falls vorhanden – die tech-
    nischen Geräte in Betrieb und kontrollie-
    ren Sie erst einmal 2 Tage lang, ob alles
    gut funktioniert, bevor Sie die Tiere ein-
    setzen.

Terrarium für Kröten aus felsigen Trockengebieten.

Terrarium für Bodenbewohner

Dieses Terrarium ist für jene Froschlurche geeignet, die sich fast immer am Boden aufhalten und nur zur Laichzeit Gewässer aufsuchen. Damit aber auch sie bei Bedarf Wasser aufsuchen können, ist ein kleiner Wasserteil ohne Bodengrund einzuplanen. Man kann durch einen Glasstreifen, der etwas höher sein muss als der künftige Bodengrund auf dem Landteil, einen Teil des Terrarienbodens abtrennen. Damit die Tiere sich nicht in die Wurzelbereiche der Pflanzen graben, setzen Sie sie in Töpfen in das Terrarium.

EINRICHTEN SCHRITT FÜR SCHRITT.

1 Stellen Sie das Terrarium auf eine stabile Unterlage. Zwischen diese und den Glasboden legen Sie vorher eine dünne, maßgenaue Styroporplatte.

2 Kleben Sie nun mit Silikonkautschuk den Glasstreifen – vom Glaser passgenau geschnitten und an den Kanten etwas abgeschliffen – , der den Wasser- vom Landteil trennen soll, in das Terrarium.

3 Installieren Sie nach dem Trocknen des Silikonkautschuks (dauert etwa 24 Stunden), wenn überhaupt nötig, das technische Zubehör, ohne es in Betrieb zu nehmen.

4 Füllen Sie nun auf dem Landteil den lockeren Bodengrund ein (Sand, Sand-Buchenlauberde-Gemisch oder Blumenerde), bis die gewünschte Höhe erreicht wird.

5 Setzen Sie dann die Blumentöpfe mit den Pflanzen ein und decken sie ihren Wurzelbereich und den Rand zum Wasserteil mit flachen Steinen ab.

6 Schütten Sie dann das Wasser in den Wasserteil, sodass die zukünftigen Bewohner darin noch stehen können.

7 Nehmen Sie die technischen Geräte in Betrieb und kontrollieren Sie 2 Tage lang, ob alles gut funktioniert, bevor Sie die Tiere einsetzen.

Terrarium für Busch- und Baumbewohner

Diese Terrarien sollten mindestens einen Meter hoch sein, nicht nur, um den Fröschen den nötigen Bewegungsradius zu bieten, sondern auch, um entsprechend hohe Pflanzen einsetzen zu können. Ansonsten wird dieser Terrarientpy genauso eingerichtet wie es bei „Terrarium für Bodenbewohner" Schritt für Schritt beschrieben wurde.

Regenwaldterrarium mit hoher Luftfeuchte

Für manche Frösche, wie z. B. Blattsteiger-, Baumsteiger- und Pfeilgiftfrösche, benötigt man ein Terrarium, in dem eine hohe Luftfeuchtigkeit herrscht. Für diese kleinen Frösche genügen gewöhnlich Terrarien ab einer Kantenlänge von 40–50 cm. Für kletternde Arten sollten die Behälter höher sein. Die Ausstattung entspricht der der Terrarien für Boden-, Busch- oder Baumbewohner. Für den Wasserteil kann man einen Außenfilter einsetzen, dessen Auslauföffnung an einem künstlichen Bachlauf beginnt, der dann im Wasserteil mündet. Als Bodengrund für den Landteil können auch Blähtonkugeln genommen werden. Dann ist auch der Landteil bis knapp unter die Blähtonkugelschicht mit Wasser zu füllen. Zierliche Bodendecker (Javamoos, Bubikopf, *Ficus pumila*) überwuchern bald den Boden und die Rückwand des Terrariums und verleihen dem Ganzen einen natürlichen Eindruck. Als Solitärpflanze sind Bromelien geeignet, wenn ihre wasser-

Ausschnitt aus einem reich bepflanzten Regenwaldterrarium.

Phyllobates terribilis **nimmt an einer kleine Wasserschale Feuchtigkeit auf.**

gefüllten Blattachseln als Minitümpel benötigt werden. Ansonsten eignen sich auch andere Pflanzen, die man in herausnehmbaren Pflanzenschalen kultiviert. Als Bruthöhlen empfehlen sich halbe Kokosnussschalen. Für *Mantella*-Arten kann man auch eine etwa 2 cm dicke Presskorkplatte auf dem Boden anbringen, in die man kleine Tümpel schneidet. Wird der Presskork von Javamoos überwachsen, sieht das Ganze sehr natürlich aus. Das Wasser sollte dann etwa 1–2 cm hoch sein. Auf dem Presskork lassen sich in Pflanzkästen andere Pflanzen kultivieren. Als Verstecke können Korkrindenstückchen oder halbierte Kokosnussschalen dienen. Viele Pfleger von Pfeilgiftfröschen verkleiden die Seiten und die Rückwand des Terrariums mit Presskork- oder Baumfarnplatten. Mit diesen Materialien kann man auch Terrassen und Höhlen konstruieren.

EINRICHTEN SCHRITT FÜR SCHRITT

1 Stellen Sie das Terrarium auf eine stabile Unterlage. Zwischen diese und den Glasboden legen Sie vorher eine dünne, maßgenaue Styroporplatte.

2 Kleben Sie nun mit Silikonkautschuk einen Glasstreifen – vom Glaser passgenau geschnitten und die scharfen Kanten etwas abgeschliffen – in das Terrarium.

3 Installieren Sie nach dem Trocknen des Silikonkautschuks (24 Stunden), wenn überhaupt nötig, das technische Zubehör, ohne es in Betrieb zu nehmen.

4 Setzen Sie nun auf dem Landteil die Pflanzenschale mit den Pflanzen und den Bodendeckern ein.

5 Füllen Sie dann den Landteil mit gewaschenen Blähtonkugeln auf, sodass der Rand der Pflanzenschale etwas darüber hinausragt.

6 Schütten Sie Wasser in den Wasserteil und auch in den Landteil, sodass das Wasser etwa 1 cm unter den Blähtonkugeln steht.

7 Nehmen Sie nun die technischen Geräte in Betrieb und kontrollieren Sie 2 Tage lang, ob alles gut funktioniert.

Was nicht direkt in das große Maul passt, wird oft mit den „Händen" hineingestopft.

Leider ist es nun einmal so: Die meisten Froschlurche benötigen immer lebendes Futter. Und abwechslungsreich muss es auch noch sein. In den wärmeren Monaten ist dies zwar kein großes Problem, aber wie sieht es in der kalten Jahreszeit aus?

Futterquellen für Froschlurche

Selbst gefangenes Futter
Mit einem Kescher kann man in den wärmeren Monaten für aquatil lebende Frösche in einem Tümpel Wasserflöhe, Hüpferlinge und Mückenlarven fangen. Für andere Anuren kann man auf einer von Schadstoffen unbelasteten Wiese oder entlang einer Hecke an trockenen Tagen Wiesenplankton fangen. Und beim Umgraben des Gartenbodens lassen sich Regenwürmer in allen möglichen Größen einsammeln.

Hat man einen Garten und stellt eine große wassergefüllte Tonne mit einem Wasserflohansatz an einen schattigen Ort, wird man beim Keschern im Wasser neben den Wasserflöhen auch bald lebende Mückenlarven finden, über die sich Krallenfrösche besonders freuen.

Wanderheuschrecken als Lebendfutter für größere Arten.

Gekauftes Futter

ANGLERBEDARF Wer sich nicht die Mühe machen will oder kann, Futter für seine Frösche selbst zu fangen, für den gibt es in Anglerbedarfgeschäften ganzjährig Würmer in verschiedenen Größen (Laubwürmer, Tauwürmer) sowie Fliegenmaden (vor allem Pinkis) und Mehlkäferlarven, die man in einem Kühlschrank auch einige Tage frisch halten kann. Schüttet man die Fliegenmaden in ein Glas und hält sie etwas wärmer, verpuppen sie sich. Nach einiger Zeit schlüpfen Fliegen.

ZOOFACHGESCHÄFT Hat man seine Froschlurche in einem Zoogeschäft erworben, werden dort sicherlich auch „Futtertiere" angeboten. Zum Sortiment gehören nicht nur Grillen, Heimchen und Wanderheuschrecken in allen möglichen Größen, sondern auch Fruchtfliegenansätze (*Drosophila*). Und in der Aquarienabteilung bekommt man vielleicht auch noch gefrorene Mückenlarven für die Krallenfrösche. Damit ist die Palette verfütterbarer Tiere relativ groß.

EIGENE ZUCHT Wer mit einem solchen Futterservice nicht rechnen kann, muss schließlich eigene Futterzuchten betreiben. Vor allem auch dann, wenn ihm die Futterkosten mit der Zeit vielleicht zu hoch werden. Manche groß werdende Froschart nimmt auch magere Rindfleischstückchen von der Pinzette, aber das sollte wirklich eine Ausnahme sein.

Mineralien und Vitamine
In der Natur fressen Insekten und andere Gliedertiere gewöhnlich Nahrung, in der Mineralien und Vitamine enthalten sind. Fressen nun die Frösche jene Insekten, erhalten sie neben den notwendigen Nährstoffen auch gleich die Mineralien und Vitamine. Vor allem bei Futtertieren aus Zuchten kann es aber schon einmal zu einer Unterversorgung mit Mineralstoffen und/oder Vitaminen kommen. Daher bestäubt man vor dem Verfüttern die Futtertiere immer leicht mit einem Mineralstoff-Vitamin-Präparat. Diese Produkte erhalten Sie in Zoogeschäften, Apotheken oder beim Tierarzt.

Bei Kaulquappen unterscheidet man raspelnde, schabende und filtrierende Ernährungsweisen.

Futter für Froschlarven

Raspler

Die meisten Froschlarven ernähren sich von Pflanzenkost und sind leicht mit zuvor gefrorenen Löwenzahnblättern, Feldsalat, Spinat und dergleichen zu füttern. Durch das Gefrieren werden die harten Pflanzenzellwände zerstört und nun für die Kaulquappen leichter verwertbar. Mit ihren Hornzähnchen raspeln viele Kaulquappen davon feinste Pflanzenteile ab. Unter den Pflanzen in Gewässern befinden sich natürlich auch Algen, und wenn die Kaulquappen diese abweiden, verzehren sie auch die darauf siedelnden tierischen Einzeller und erhalten so das wichtige Eiweiß. Viele Kaulquappen raspeln deshalb auch schon einmal an einem ertrunkenen Regenwurm oder anderen toten Tieren im Wasser.

Filtrierer

Ganz anders ernähren sich z. B. die Kaulquappen des Zipfelfrosches *Megophrys monticola nasuta*. Dessen Larven haben ein trichterförmiges Maul und strudeln damit Miniplankton von der Wasseroberfläche in sich hinein. Als Ersatz für pflanzliches Plankton kann man in Apotheken Brennesselpulver erwerben. Und im Zoohandel gibt es für bestimmte Jungfische fertiges „Infusorienfutter", das man den Kaulquappen der Filtrierer ebenfalls anbieten kann. Vor allem bei ihnen ist ein steter Wasserwechsel wichtig, da durch übrig gebliebenes Futter das Wasser sehr schnell verdirbt. Die bisher geschilderten Ernährungsprobleme sind für den zukünftigen Froschpfleger sicherlich noch einfach zu lösen.

Spezielle Ernährungsweisen

Es gibt aber auch sehr spezielle Kaulquappennahrung, die kaum zu ersetzen ist. Bei einigen Pfeilgiftfröschen legen die Weibchen z. B. „Näreier" in den Minitümpel ihrer Kaulquappen, von denen sich diese dann ernähren. Bei Ihren Überlegungen, welche Froschlurche für Sie richtig sind, sollten Sie sich also auch über die spezielle Ernährung deren Larven kundig machen.

Fruchtfliegen an einer Bananenscheibe.

Fruchtfliegen
(Drosophila melanogaster)

Eigentlich kennt jeder diese nur 2–2,5 mm kleinen Fliegen, da sie sich immer sehr schnell an überreifem oder faulendem Obst niederlassen. Vor allem in der warmen Jahreszeit umschwirren sie jeden Komposthaufen und sind recht leicht zu keschern. Als Futtertiere sollte man aber die stummelflügeligen Fruchtfliegen vorziehen, die man als Zuchtansatz häufig in jenen Zoogeschäften angeboten bekommt, die auch Tiere für die Terrarienhaltung anbieten. Eine weitere Quelle sind andere Halter von kleinen Froschlurchen, vor allem, wenn sie Pfeilgiftfrösche halten und züchten.

ZUCHT SCHRITT FÜR SCHRITT

1 Man stellt nach Gebrauchsanweisung aus einem käuflichen Früchte-, Milch- oder Grießbrei einen Brei her.
2 Dem Brei wird eine Messerspitze Hefe und ein Multivitaminpräparat zugefügt.
3 Nun füllt man den Brei etwa 2 cm hoch in saubere Joghurtbecher.
4 Auf die Brei-Oberfläche streut man etwas NIPAGIN (Apotheke), um einem Pilzbefall vorzubeugen.
5 Über den Brei legt man einige Holzwollefasern oder kleine Papierstreifen.
6 Nun schüttet man 20–30 Fruchtfliegen hinein, deckt den Becher mit einem Stück Gaze ab und verschließt ihn mit einem Gummiband.
7 An einer ca. 25–28 °C warmen Stelle entwickelt sich der Ansatz (Weibchen legen Eier, Larven fressen den Brei, verpuppen sich, neue Fruchtfliegen schlüpfen). Der Fruchtbrei muss durch regelmäßiges Sprühen immer leicht feucht gehalten werden.
8 Nach etwa 3 Wochen können die ersten neuen Fruchtfliegen als Futter verwendet und neue Zuchtansätze vorbereitet werden.

Stubenfliegen
(Musca domestica)

Für die Fliegenzucht benötigt man einen rundum mit Gaze bespannten Holzramenkäfig mit festem Boden. Darin hält man Stubenfliegen. Als Futter erhalten die Fliegen süßes Obst und Zuckerwasser.

ZUCHT SCHRITT FÜR SCHRITT

1. Aus Weizenkleie und Quark bereitet man einen krümeligen Brei als Madenfutter.
2. Man füllt 500 g fassende Margarinebecher aus Kunststoff zur Hälfte mit dem Madenfutter und stellt sie in den Fliegenkäfig.
3. Sobald die Fliegen viele Eier auf dem Brei abgelegt haben, wird der Becher entnommen, mit einem Gazedeckel verschlossen und ein neuer Becher eingesetzt.
4. Die Maden schlüpfen nach einigen Tagen, fressen sich durch den Brei und verpuppen sich.
5. Man sammelt die Fliegenpuppen ab und bewahrt sie im Kühlen in einem trockenen Glas mit Deckel auf.
6. Stellt man das Glas in einen warmen Raum, schlüpfen bald die Fliegen.
7. Man bestäubt die Fliegen mit Mineralstoff- und Vitaminpräparaten, lässt sie im Terrarium frei und tupft an eine wärmere Stelle etwas Zuckerwasser, damit sich die Fliegen einige Tage davon ernähren können.

Frisch gehäutete Grillen werden besonders gern gefressen. Man muss sie jedoch mit Mineralien und Vitaminen einstäuben.

Grillen (Gryllus bimaculatus)
Heimchen (Acheta domestica)

Vor allem für Bodenbewohner sind dies die idealen Futtertiere. Je nach Größe der Frösche oder Kröten verfüttert man sie in der entsprechenden Größe. Vorsicht! Zu groß gewordene Grillen oder Heimchen können zur Gefahr für kleine Frösche werden. Natürlich werden Grillen und Heimchen in getrennten Zuchtbehältern vermehrt, obwohl sie die gleichen Ansprüche haben.

ZUCHT SCHRITT FÜR SCHRITT

1 Der Zuchtbehälter (Aquarium oder Terrarium mit Gazedeckel) wird sorgfältig gereinigt. Sand dient als Bodengrund.

2 Die Umgebung sollte eine Temperatur von etwa 30 °C haben.

3 Ausgewachsene Grillen oder Heimchen werden eingesetzt und erhalten täglich in einer Futterschale etwas Obst, Gemüse, Keimweizen oder Haferflocken und ab und zu Löwenzahnblätter. Täglich leicht sprühen.

4 Als Häutungshilfen legt man Eierkartons oder kleine Pappröllchen (Grillen und Heimchen passen so eben dort hinein) in den Zuchtbehälter.

5 Als Eiablageschalen stellt man 10–20 cm breite und 6–7 cm hoch mit leicht feuchtem Erde-Sand-Gemisch aufgefüllte Kunststoffbecher hinein, die auch von den Insekten erreicht werden können.

6 Einmal in der Woche tauscht man die Eiablagebehälter gegen neue aus.

7 Die Eiablagebehälter stellt man in einen Aufzuchtbehälter (30 °C, täglich leicht sprühen) und bietet den schlüpfenden Grillen oder Heimchen das gleiche Futter wie oben. Häutungshilfen nicht vergessen!

8 Um kleine Grillen zu verfüttern, schüttet man sie aus der Häutungshilfe (Eierkartons oder Papierknäuel) in einen Topf o. Ä. und anschließend in das Terrarium zu den Fröschen/Kröten.

Futterarten für landlebende Froschlurche
- Springschwänze (Colembolen)
- Taufliegen, flugunfähig (*Drosophila*)
- Blattläuse
- Frisch geschlüpfte Grillen/Heimchen
- Enchyträen (kleine weiße Würmchen in Blumenerde)
- Mückenlarven (weiß, rot, schwarz)
- Mücken (*Culex, Chironomus*)
- Mehlmotten/Dörrobstmotten
- Kleine Fliegenmaden (Pinkis, Anglergeschäft)
- Kleine Stubenfliegen
- Kleine Wanderheuschrecken
- Mittelgroße Fliegen (aus Anglermaden)
- Fleischfliegen
- Halbwüchsige Grillen/Heimchen
- Halbwüchsige Wanderheuschrecken
- Kleine Regenwürmer
- Wachsmaden (groß)
- Frisch gehäutete Mehlkäferlarven („Mehlwürmer")
- Wachsmotten (groß)
- Grillen/Heimchen (ausgewachsen)
- Nacktschnecken
- Wanderheuschrecken (ausgewachsen)
- Mittlere bis große Regenwürmer (Laubwürmer/Tauwürmer)
- Rindfleischstückchen
- Nestjunge Mäuse
- Nestjunge Ratten

Futterarten für aquatile Froschlurche
- Hüpferlinge (*Cyclops*)
- Wasserflöhe (*Daphnia*)
- Bachröhrenwürmer (*Tubifex*)
- Mückenlarven (weiß, rot, schwarz)
- Bachflohkrebse (*Gammarus*)
- Junge Fische (z. B. Guppys)
- Zierfischtrockenfutter

CHECKLISTE

Pflegeplan

TÄGLICH

- Ausscheidungen und Futterreste entfernen.

- Wasserteile reinigen und füllen.

- Einrichtung übersprühen oder überbrausen.

- Futter in das Terrarium geben.

WÖCHENTLICH

- Einrichtungsgegenstände, Lampen und Terrarienwände gründlich reinigen.

- Messinstrumente und technisches Zubehör überprüfen.

- Verschmutztes Bodensubstrat stellenweise auswechseln.

- Frösche einmal längere Zeit genau beobachten!

JÄHRLICH

- Leuchtstofflampen gegen neue auswechseln.

- Bodensubstrat komplett erneuern bzw. bei sehr großen Terrarien zu zwei Dritteln.

- Kotproben nehmen und untersuchen lassen.

Falsche Unterbringung oder Haltung sind bei vielen Terrarienpfleglingen als Hauptursachen für Krankheiten bekannt. Hinzu kommen oft Hygienemängel, aber auch Stresssituationen, die z.B. durch häufige Störungen entstehen. Durch all diese Faktoren werden die natürlichen Widerstandskräfte der Tiere geschwächt.
Eine weitere Gefahr für den jahrelangen unproblematischen Bestand eines Terrariums geht auch von neu erworbenen Tieren aus. Deshalb müssen alle „Neuen" zuerst einmal für mindestens vier Wochen in einem Quarantänebecken gehalten werden.

Artgerechte Haltung im Terrarium ist eine wichtige Voraussetzung für gesunde Frösche.

Die Säuberung des Terrariums

Täglich muss das Terrarium von Kot und Futterresten befreit werden. Dazu gehört auch das Putzen der Scheiben und Reinigen der Einrichtungsgegenstände.

Wenn es nicht anders geht, muss man einmal in der Woche Einrichtungsgegenstände wie Wurzeln, Höhlen oder stark verschmutzte Pflanzen mitsamt ihrem Topf aus dem Terrarium nehmen und reinigen. Am besten hat man einen Beobachter dabei, der die Pfleglinge während dessen im Auge behält und ihre Flucht verhindern hilft. Dies gilt natürlich insbesondere bei Freilufterrarien.

Besonders gründlich ist auch die Wasserschale oder der Wasserteil zu reinigen. Wasserschalen kann man aus dem Terrarium nehmen, abgeteilte kleine Wasserteile nicht.

Der Schwammtrick

Bei mir leere ich die kleineren Wasserteile zuerst einmal dadurch, dass ich einen großen Schwamm zusammengedrückt in das Wasser lege und – nachdem er sich mit dem Schmutzwasser vollgesogen hat – in einem Eimer wieder leere und auswasche. Anschließend wird der Wasserteil gründlich ausgewaschen und neu gefüllt. Mit der Zeit bekommt man dabei etwas Routine.

Bei größeren Wasserteilen oder Aquarien sorgt ein Außenfilter für sauberes Wasser und muss je nach Besatz etwa halb- bis vierteljährlich gesäubert werden. Kann man keine Filteranlage installieren oder einen Abfluss einbauen, hält man ein Ende eines mit Wasser gefüllten Schlauches in das Wasser des Wasserteiles und das andere Ende anschließend in einen tiefer stehenden Eimer.

Pflegerpflichten

Neben der täglichen Reinigung des Terrariums und Versorgung der Tiere und Pflanzen ist auch wichtig, dass die Pfleglinge einem klimatischen Jahresrhythmus unterliegen. Deshalb ist auf die Temperaturschwankungen und richtigen Beleuchtungszeiten sowie evtl. „Regenzeiten" ebenso zu achten wie auf die einwandfreie Funktion der technischen Hilfsgeräte.

Irgendwann kommt auch die Zeit, in der Sie in den Urlaub fahren möchten oder aus anderen Gründen einige Zeit Ihr Terrarium durch andere versorgen lassen müssen.

Urlaubsversorgung

Wer sich mit Froschlurchen beschäftigen und diese halten möchte, sollte sich unbedingt einer terraristischen Vereinigung anschließen, wie z. B. der Deutschen Gesellschaft für Herpetologie und Terrarienkunde e.V. (DGHT). Durch sie erhält man nicht nur turnusgemäß eine oder mehrere Fachzeitschriften, sondern es gibt auch spezielle Arbeitskreise, die sich intensiv mit Anuren beschäftigen (Adressen im Anhang). Gleichzeitig erfährt man durch sie, ob in der unmittelbaren Umgebung ebenfalls Anurenhalter oder -züchter wohnen, mit denen man nicht nur intensive Gespräche über die Pfleglinge führen kann, sondern die auch mit Rat und Tat zur Seite stehen können. Denn spätestens wenn der Anurenhalter für einige Tage seine Tiere nicht versorgen kann, weil er in den Urlaub fährt oder beruflich wegmuss, wird er unbedingt eine sachkundige Vertretung benötigen.

Grünfrösche in ihrem Lebensraum – gut getarnt durch Wasserlinsen.

Rechtzeitig vorplanen

In einer froschbegeisterten Familie kann die weitere Pflege ohne Probleme von einem Familienmitglied übernommen werden. Doch wenn die ganze Familie in den wohlverdienten Urlaub fährt, muss vorher ein „Ersatzpfleger" gefunden worden sein. Denn wird es im Terrarium zu trocken, bedeutet dies für die meisten Anuren den sicheren Tod. Wohnt der nächste Anurenfreund nicht allzu weit weg, kann man vereinbaren, dass man sich in der Urlaubszeit untereinander abspricht und gegenseitig bei der Pflege vertritt. Wohnt er zu weit weg, sollte er oder eine andere „Fachkraft" bei Bedarf zumindest telefonisch erreichbar sein. Denn für die tägliche Reinigung des Terrariums, die Fütterung und Wasserversorgung der Froschlurche lässt sich auch in der Nachbarschaft oder unter Bekannten sicher jemand anlernen.

Tiere und Technik beobachten

Aber nicht nur die Tiere müssen regelmäßig beobachtet und kontrolliert werden, sondern auch die technischen Anlagen des Zimmerterrariums könnten Defekte aufweisen. Eine ausgefallene Strahlerlampe reduziert bereits einen Wärmeplatz, den die Frösche/Kröten sonst aufsuchen konnten. Und fallen die gesamte Beleuchtung und alle Heizquellen aus, weil vielleicht die Sicherung herausgesprungen ist, kann es vor allem bei subtropischen und tropischen Froschlurchen zu gesundheitlichen Problemen kommen.

Jahreszeitlicher Klimarhythmus

Wie von mir bewusst immer wieder erwähnt, gehört es zur Pflege von Anuren auch, dass man ihnen in Menschenobhut den klimatischen Jahresrhythmus bietet, dem die Tiere auch in ihrer Heimat ausgesetzt sind. Er hilft dabei mit, dass es bei ihnen zur zeitgerechten Entwicklung von Spermien und Eizellen kommt. Dadurch wird die Zucht in menschlicher Obhut oft erst möglich.

Vor der Winterstarre legen die Amphibien in der Natur aufgrund der sinkenden Temperaturen und einiger noch unbekannter Faktoren eine längere Fastenzeit ein, sodass ihr Darm rechtzeitig leer ist. Stellen Sie deshalb etwa 14 Tage vor dem Senken der Temperaturen im Terrarium das Füttern ein.

Froschlurche richtig überwintern

BEHÄLTER Zeigen die zur Überwinterung vorgesehenen Frösche bei sinkenden Temperaturen Anzeichen, sich in das Erdreich eingraben zu wollen oder am Boden des Wasserteiles zwischen Pflanzen zu verbergen, überführt man sie in einen Behälter, z. B. eine Kunststoffdose o. Ä. mit verschließbarem Deckel. Zuvor füllt man sie mit feuchten Schaumstoffwürfeln oder Torfmoos (nicht Torf!) und stellt sie an eine frostfreie Stelle.

KELLER ODER KÜHLSCHRANK Damit die Anuren nicht zu viele Reserven verbrauchen, muss der Überwinterungsplatz jedoch Temperaturen von etwa 4–6 °C bieten. Bei mir dient ein großer überdachter Lichtschacht am Haus als Überwinterungsplatz, bei anderen Pflegern ein kühler Keller oder eine Garage. Manche Pfleger stellen die Überwinterungsbox mit ihren Froschlurchen in einen alten Kühlschrank, der ebenfalls Temperaturen zwischen 4–5 °C garantiert. Der Kühlschrank darf jedoch nicht in einem zu warmen Raum stehen oder in einem Raum, in dem die Temperaturen noch niedriger als gewünscht sind.

KONTROLLE Damit die Tiere während der Ruhephase nicht zu trocken werden, ist mindestens einmal monatlich zu prüfen, ob das Substrat noch leicht feucht ist, um es bei Bedarf nachzufeuchten.

AUFWACHEN Am Ende der Winterstarre setzt man die Überwinterungsdose in einen wärmeren Raum. Bei steigenden Temperaturen erwachen die Unken, Frösche und/oder Kröten und konnen bereits einen Tag später wieder in ihr Terrarium gesetzt werden.

Kranke Froschlurche

Ihre durchlässige Haut und die relativ geringen Abwehrmechanismen im Blut und im Lymphsystem machen Amphibien allgemein sehr anfällig gegenüber Parasiten, (v. a. Pilze und Bakterien). Insbesondere bei Wildfängen können (nur durch entsprechend spezialisierte Tierärzte und Institute) immer wieder zahlreiche unterschiedliche Bakterien oder Parasiten an den Tieren festgestellt werden, ohne dass gleichzeitig Krankheitssymptome zu erkennen sind.

Krankheiten sind oft haltungsbedingt

Sobald jedoch die Haltungsbedingungen für Kröten und Frösche ungünstig werden, können diese Organismen die Oberhand gewinnen und Krankheiten ausbrechen. Eine optimale Unterbringung und Pflege ist daher nicht nur oberste Pflicht, sondern – wie bereits erwähnt – auch die einfachste Krankheitsvorbeugung. Schließlich sind auch deshalb verstorbene Froschlurche sofort zu entfernen, da sich im Terrarium sonst die Erreger ungehemmt vermehren können.

FACHTIERARZT Frisch verstorbene oder sich im Finalstadium einer Erkrankung befindende Frösche sollten Sie unbedingt von einem Fachtierarzt oder einem Institut untersuchen lassen, um die Todesursache festzustellen. Dies gilt ganz besonders dann, wenn schon zuvor Todesfälle aufgetreten waren oder weitere Tiere von der Krankheit betroffen sind.

Gesunde Frösche sollten auch im Terrarium möglichst viele ihrer natürlichen Verhaltensweisen zeigen.

Das Leben der anderen Frösche kann dann durch eine gezielte Behandlung meist gerettet werden.

QUARANTÄNE Aber auch das Zusetzen neuer Froschlurche kann zum Ausbrechen von Krankheiten führen. Deshalb sind sie zuerst einmal in Quarantäne zu halten. Während dieser Zeit sollten Sie von den Tieren Kotproben nehmen, um sie von einem Fachmann untersuchen zu lassen. So können die Tiere nötigenfalls gezielt gegen Parasiten behandelt werden, bevor sie in das Terrarium zu den schon vorhandenen Fröschen gesetzt werden.

Diagnose – wichtig und schwierig

Leider ist es für Terrarianer meist sehr schwierig, bei Froschlurchen Krankheiten richtig diagnostizieren und behandeln zu können. Kranke Froschlurche gehören deshalb unbedingt in die Hände eines erfahrenen Tierarztes!

Und damit beginnt oft ein Problem. Denn welcher Tierarzt beschäftigt sich schon mit Amphibienkrankheiten und deren Behandlung? Inzwischen gibt es eine eigene Arbeitsgemeinschaft der DGHT, die sich mit Amphibien- und Reptilienkrankheiten befasst. Fragen Sie in der Geschäftsstelle der DGHT nach dem nächsten erreichbaren Fachmann. Auch im Internet finden Sie hilfreiche Hinweise (Adressen siehe Anhang).

Einige häufigere Krankheiten, ihre Symptome und Behandlung sind den Solutionfindern auf den folgenden Seiten zu entnehmen. Es muss hier aber noch einmal ausdrücklich betont werden, dass eine Behandlung ohne vorherige sichere Diagnose nicht sinnvoll ist.

Beobachten Sie Ihre Frösche regelmäßig. Je früher Sie Krankheitssymptome bemerken, desto höher sind die Heilungschancen.

Quarantänebecken

- Für Größe, Form, Standort und die technischen Hilfsmittel gilt das Gleiche wie für das eigentliche Aquarium, Aquaterrarium oder Terrarium (◉ ab S. 50).

- Der Behälter und seine Einrichtungsgegenstände müssen leicht abwaschbar bzw. Einrichtungsgegenstände leicht austauschbar sein.

- Der Behälter und seine Einrichtungsgegenstände müssen gut überschaubar sein. Das heißt, dass auf Bodengrund verzichtet wird und nur einfache Versteckmöglichkeiten vorhanden sind. Den Boden kann man mit feuchtem bis nassem Fließpapier auslegen, das mindestens einmal täglich gewechselt wird.

Quarantäne

Alle neu erworbenen Tiere müssen zuerst einmal für mindestens vier Wochen in ein Quarantänebecken. Hier wird immer wieder auf ihre Körperbeschaffenheit (Wunden, Verpilzungen etc.) geachtet und ihr Verhalten (Fortbewegung, Häuten, Fressen, Koten ect.) beobachtet.
Die besondere Hygiene im Quarantänebecken schließt alle Geräte und Materialien mit ein, die mit den Neuen in Berührung kommen. Sie sind nach der Benutzung stets gründlich zu reinigen und möglichst zu desinfizieren.
Auch kranke Tiere sollen von den gesunden isoliert und, wenn nötig, auch über einen längeren Zeitraum hinaus in Quarantäne gehalten werden. Hier können sie auch genauer beobachtet und evtl. gezielter behandelt werden.

▶ SYMPTOME	▶ URSACHEN	▶ BEHANDLUNG
Infektionen		
Abmagerung, Trägheit, Geschwüre und Wunden auf der Haut, Knöllchenbildung an Organen (Tuberkulose)	**Infektion mit Mykobakterien,** Sekundärerkrankungen bei schlechter Ernährung und falschen Haltungsbedingungen	Haltung und Pflege verbessern, UV-Bestrahlung, Vitaminpräparat über Futtertiere (z.B. Korvimin ∠VT, nur über den Tierarzt erhältlich)
Trägheit, Blutansammlungen in der Bauchhaut und an den Hinterbeinen (Redleg-Seuche)	**Infektion mit Bakterien (v. a. Aeromonas hydrophila),** meist haltungsbedingt durch schlechte Wasserqualität	Antibiotika (verschreibungspflichtig!) als Bad oder Injektion, Verbesserung der Hygienebedingungen
Hautveränderungen, Augentrübung und/oder watteartige Beläge an Körperteilen	Meist Sekundäreinfektion durch **Saprolegnia-Arten** bei falscher Haltung	Bad in Kaliumpermanganat- oder Malachitgrünlösung
Parasitenbefall		
Blutiger Kot bei landlebenden Anuren, starker Gewichtverlust trotz guter Futteraufnahme (Amöbiasis), plötzliche Todesfälle	**Befall mit Entamoeba ranarum oder anderen einzelligen Parasiten,** Nachweis durch Kotprobe	Metrondiazol über Magensonde
Allgemeine Schwächung, Geschwürbildung, Verstopfung	**Meist Wurmbefall**	Entwurmung durch Tierarzt, bei kleineren Tieren über Futtertiere
Allgemeine Schwächung, Nekrosen von Geweben, Auftreiben des Körpers, Gleichgewichtsstörungen	**Saugwürmer** (tritt nur bei Wildfängen auf, da Zwischenwirt erforderlich)	keine; evtl. Bandwurmmittel

▸ SYMPTOME   ▸ URSACHEN   ▸ BEHANDLUNG

Stoffwechselerkrankungen

SYMPTOME	URSACHEN	BEHANDLUNG
Hautprobleme	**Vitamin-A-Mangel**	Multivitaminpräparat über Futtertiere (Korvimin ZVT vom Tierarzt)
Lähmung, Krämpfe, Bewegungsprobleme	**Vitamin-B-Mangel**	Multivitaminpräparat, Leuchtstoffröhre/Lampe mit UV-Anteil installieren
Knochenerweichung, -deformation, Scheingelenke, Nachziehen der Gliedmaßen	**Vitamin-D-Mangel**	Kalk-Mineralstoff-Präparat über Futtertiere, Beleuchtung mit UV-Anteil
Störung der Embryonalentwicklung, Fortpflanzungsprobleme, Sterilität	**Vitamin-E-Mangel**	Multivitaminpräparat, Beleuchtung mit UV-Anteil
Metamorphosestörung, Riesenwuchs der Larven	**Schilddrüsenunterfunktion**	Multivitaminpräparat mit Jodanteil

weiter Krankheitserscheinungen

Enddarm tritt aus Kloake aus, Darmvorfall	**Haltungs- oder Fütterungs-fehler, oft Parasitenbefall**	Abklärung der Ursache durch Tierarzt, Tier bis zum Tierarzt-besuch feucht und sauber halten (z.B. auf Zellstoff)
Krampfartige Zuckungen, Bewegungsträgheit, Läh-mungserscheinungen	**Vergiftung, Haltungsfehler,** evtl. biozidbelastete Pflanzen eingesetzt	Abklärung der Ursache, Tiere mit warmem Wasser gründlich absprühen, Terrarium reinigen, möglichst neu einrichten
Verletzungen an den Glied-maßen und/oder an der Haut	**Haltungsfehler,** scharfe oder spitze Einrich-tungsgegenstände, falsche Vergesellschaftung mit anderen Tieren	Abklärung der Ursache, Tiere sauber halten, Desinfektion mit Betaisodona

Froschlurchzucht

Warum züchten?

Manchen Pflegern genügt es, wenn ihre Frösche, Kröten oder Unken im Terrarium ein hohes Alter erreichen und dabei gesund bleiben. Leider wird selbst dieses Ziel von vielen Haltern nicht erreicht, weil sie häufig nach neuen, noch interessanteren Terrarientieren suchen. Eine wesentliche Verantwortung des heutigen Terrarianers liegt aber darin, nicht nur seine Tiere artgerecht zu halten und zu pflegen, sondern möglichst auch im Terrarium erfolgreich zu vermehren.

Dies wird bei großen Krötenarten (Bufoniden) weniger gelingen und ist häufig auch nicht erwünscht, es sei denn, es handelt sich um eine seltene, vom Aussterben bedrohte Art, wie z. B. die Kolumbianische Riesenkröte (*Bufo blombergi*). Die Zucht kleiner bleibender Arten, die für die Haltung im Terrarium gut geeignet sind, sollte dagegen möglichst immer angestrebt werden.

Reinerbige Zuchten

Bei seinen Zuchtbemühungen sollte der Froschpfleger unbedingt darauf achten, die Arten bzw. auch Unterarten reinerbig zu vermehren. Hybriden zwischen verschiedenen Arten, wie dies vor allem bei Unken leicht möglich ist, sind unerwünscht.

Woran scheitert die Vermehrung?

Beim Versuch, Froschlurche im Terrarium zu vermehren, gibt es meist zwei Probleme zu überwinden. Das erste besteht darin, Männchen und Weibchen zu bekommen und sie in Paarungsstimmung zu bringen. Das zweite Problem besteht darin, den Laich richtig zu zeitigen und die Kaulquappen so weit zu bringen, dass sie die Metamorphose bewältigen können.

Wissenschaftliche Laboratorien haben bereits seit Jahren einen Weg eingeschlagen, Methoden der künstlichen Befruchtung zu entwickeln, wobei sogar der Verlust der Tiere manchmal in Kauf genommen wird.

Die Rolle der Hormone

Lutinisierende Releasing-Hormone spielen beim Fortpflanzungsgeschehen eine

Mitte bis Ende Februar kann man an heimischen Gewässer bereits Grasfrösche im Amplexus beobachten.

bedeutende Rolle. So sollen alle Bufoniden zuverlässig auf das einst in der früheren Sowjetunion erhältliche Präparat SUFRAGON reagieren, wenn man es Männchen und Weibchen injiziert.

In den 50er-Jahren hatte man herausgefunden, dass weibliche Krallenfrösche spontan laichen, wenn man ihnen das menschliche Hormon Choriongonadotropin injiziert. Dieses Hormon befindet sich im Urin jeder schwangeren Frau in ziemlich hoher Konzentration – der „Krötentest" war viele Jahre ein zuverlässiger Schwangerschaftzeiger.

Um Schmuckhornfrösche (*Ceratophrys ornata*) zur Fortpflanzung zu bringen, injizierte man in der Schweiz zur Unterstützung der ökologischen Stimulation den Weibchen 0,02 ml Testoviron (Testovirenpropionat) in öliger Lösung. Sieben Tage später erhielten die Männchen dieselbe Menge Oestrol (Stilboestrol) injiziert. Bereits einen Tag später konnte man die intensiv rufenden Tiere im Amplexus beobachten – und die Nachzucht gelang. Vermutlich wirkten die den Weibchen verabreichten Hormongaben jedoch nur als Unterstützung der ökologischen Stimulation.

Die Bedeutung der Zucht

Vor allem in der natürlichen Vermehrung von Froschlurchen liegt der Reiz dieses Hobbys. So haben viele Terrarianer bei der Beobachtung und Vermehrung ihrer Tiere Licht in die Fortpflanzungsbiologie vieler Arten gebracht, die bei Naturbeobachtungen kaum oder nur unter einem großen Zeitaufwand hätten geleistet werden können.
Gemessen an der Zahl der Importtiere sind Nachzuchttiere noch relativ selten. Erst die zunehmende Verschärfung der Importbestimmungen hat immer mehr dazu geführt, nicht nur die Bestände im Terrarium, sondern auch die Art durch Nachzucht möglichst in Liebhaberkreisen zu erhalten. Ein weiterer Vorteil von natürlich entstandenen Nachzuchttieren liegt darin, dass der betreffende Züchter sich mit den erforderlichen Haltungs- und Zuchtbedingungen auskennt und sein Wissen an den Erwerber weitergeben kann. Außerdem sind Nachzuchttiere fast immer frei von Parasiten und schreiten auch meist leichter zur Fortpflanzung als Wildfänge.

Zuchtvoraussetzungen

Die Form und Größe sowie Einrichtung des Terrariums richtet sich in erster Linie nach den Bedürfnissen der gepflegten Froschlurche. Unter anderem ist dabei auch zu berück-

Manche Dendrobatiden laichen in den wassergefüllten Blattachseln von Epiphyten.

sichtigen, ob es sich bei ihnen um Frei-, Haft-, Transport-, Bodengruben- oder Schaumnestlaicher handelt.
Obwohl in den Terrarien manchmal Arten gehalten werden, die als „leicht züchtbar" gelten, bleibt der ersehnte Nachwuchs aus. Die Gründe dafür können mannigfaltig sein. Manchmal werden die Tiere zu oft vom Pfleger gestört, die Terrarieneinrichtung zu häufig umgekrempelt oder zu einseitig gefüttert. Der häufigste Grund liegt aber in der fehlenden Möglichkeit der Tiere, Eier bzw. Spermien zu entwickeln. Dies ist nämlich erst möglich, wenn die Keimdrüsen der Froschlurche durch den natürlichen Jahresrhythmus hormonell aktiviert werden. Bietet man den Tieren den richtigen Klimarhythmus, verbunden mit den richtigen Temperaturen und der notwendigen Trocken- und Regenzeit, geraten sie meist von selbst – hormonell gesteuert – in Fortpflanzungsstimmung.

EIABLAGE UND ENTWICKLUNG

▶ EIABLAGE	▶ ENTWICKLUNG	▶ FROSCHLURCHGATTUNG
Eiablage im Wasser	Eier und fressende Larven in stehenden Gewässern	Xenopus, Bombina, Discoglossus, Rana, Kassina, Hyperolius, Kaloula, Dyscophus, Bufo, Hyla, Osteopilus, Litoria, Smilisca, Acris, Ceratophrys, Hylarana, Pyxicephalus
	Eier und Larven in Fließgewässern	Ascaphus, Atelopus
	Eier unter Holz oder Steinen im Luft-Wasser-Grenzbereich, Larven im Wasser	Megophrys
	Eier und erste Larvenstadien in natürlichen oder angelegten Bodenvertiefungen, die später überschwemmen, Larven dann in Teichen oder Fließgewässern	Hyla boans
	Eier und fressende Larven im Wasser von Baumhöhlungen und Blatttrichtern von Epiphyten	Anotheca
	Eier und noch nicht fressende Larven in wassergefüllten Vertiefungen	Pelophryne, Phyllodytes
	Eier und noch nicht fressende Larven im Wasser von Baumhöhlungen oder Blatttrichtern von Epiphyten	Anodonthyla
	Eiablage ins Wasser, Eier vom Weibchen geschluckt, Entwicklung der Eier bis zum fertigen Frosch im Magen	Rheobatrachus
	Eiablage im Wasser, Eier werden sofort in die Rückenhaut der ständig im Wasser lebenden Weibchen gebettet	Pipa

SOLUTIONFINDER

▶ EIABLAGE	▶ ENTWICKLUNG	▶ FROSCHLURCHGATTUNG
Eiablage außerhalb von Gewässern		
Schaumnest auf Tümpeln	Larven im Tümpel	Physalaemus, Limnodynastes, Adelotus, Leptodactylus, Pleurodema
	Larven in Fließgewässern	Megistolotis
Eier auf dem Erdboden, an Steinen, in Vertiefungen oder Höhlungen	Larven bewegen sich aktiv zum Wasser	Leptopelis, Mantella
	Larven werden von einem Elternteil transportiert	Colostetus, Phyllobates, Dendrobates
	Larven entwickeln sich auf dem Rücken eines Elternteiles	Assa, Sooglossus
	Larven entwickeln sich in Körperhöhlen eines Elternteiles	Rhinoderma
Eier und erste Larvenstadien im Boden in Erdhöhlen	Larven gelangen durch Überschwemmung ins Wasser	Pseudophryne, Mantella
	Larven gelangen durch einen von den Eltern gegrabenen Gang ins Wasser	Hemisus
	Ei- und Larvenentwicklung erfolgt in der Erdhöhle	Eleutherodactylus
Eier frei auf Blättern	Larven tropfen ins Wasser ab	Hyperolius, Hyla ebraccata, Pachymedusa, Centrolenella
	Larven werden von einem Elternteil auf dem Rücken ins Wasser transportiert	Phyllobates, Dendrobates
Eiablage auf Blättern, die zu Rinnen oder Tüten gebogen werden	Larven tropfen ab ins Wasser	Afrixalus, Phyllomedus
	Eier und Larven entwickeln sich in wassergefüllten Höhlungen im Baumbereich	Acanthixalus
Eier im feuchten Substrat im Baumbereich	Larvenentwicklung bis zum Jungfrosch innerhalb der Eihüllen	Platymantis

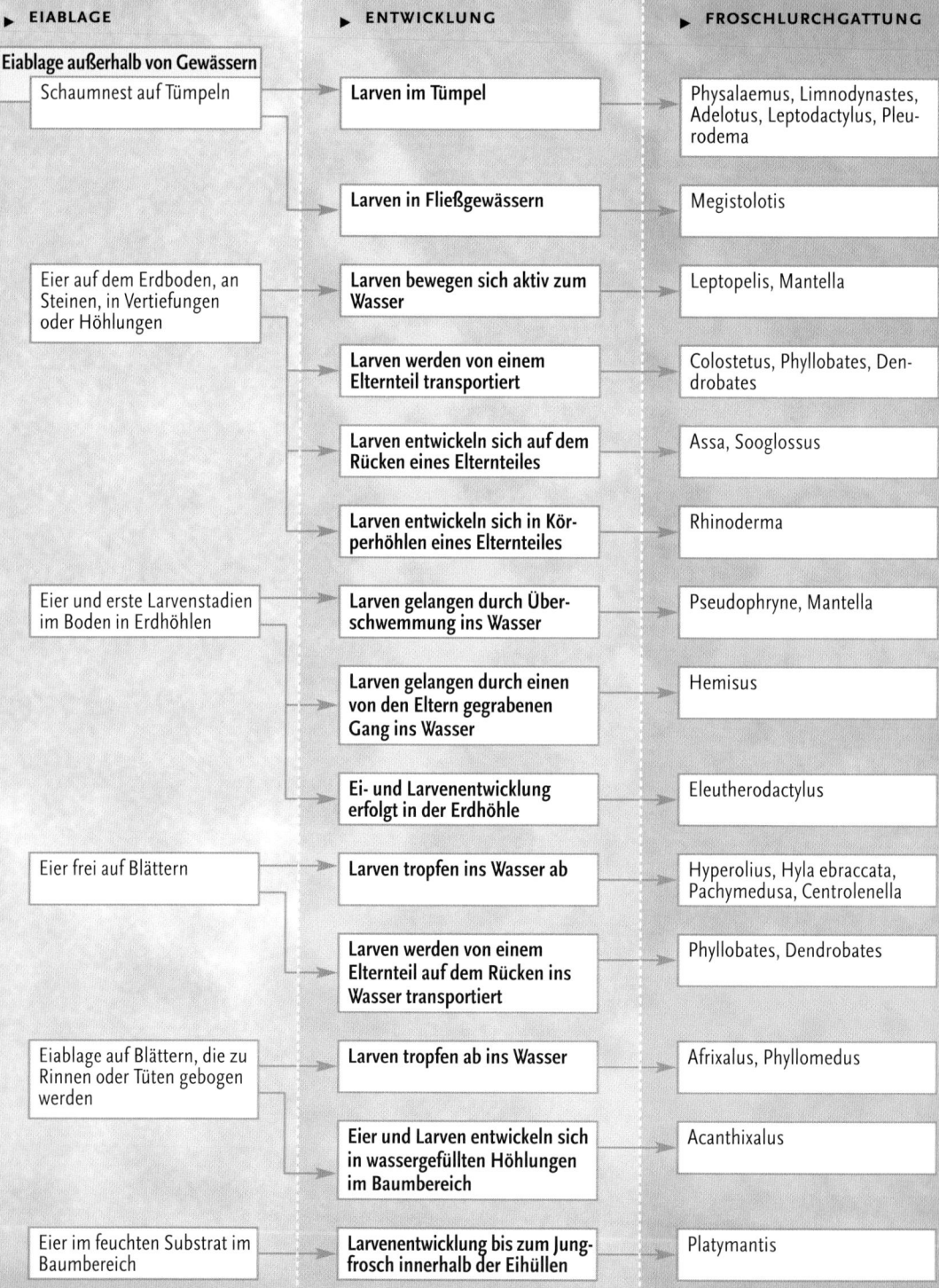

▶ EIABLAGE	▶ ENTWICKLUNG	▶ FROSCHLURCHGATTUNG
Eier im Schaumnest		
Schaumnest in Höhlen, wird später überschwemmt	Larven in Teichen oder Fließgewässern	Heleioporus, Leptodactylus
Schaumnest in Höhlen	Entwicklung bis zum Jungfrosch im Ei	Adenomera
Schaumnest arboricol	Larven tropfen ab in Tümpel oder Fließgewässer	Chiromantis, Rhacophorus
Eideponie auf Elternteil		
Eitransport an den Beinen der Männchen	Fressende Larven in Tümpeln	Alytes
Eitransport in Rückentasche der Weibchen	Fressende Larven in Tümpeln	einige Gastrotheca-Arten
Eitransport auf dem Rücken oder in Rückentasche der Weibchen	Larven werden in wassergefüllte Blatttrichter gesetzt, noch bevor sie mit dem Fressen beginnen	Flectonotus, Fritziana
Eier in wabenartigen Vertiefungen der Rückenhaut der Weibchen	Larven bleiben darin bis zur Metamorphose	Hemiphractus
Eier in Rückentasche der Weibchen	Entwicklung findet vollständig bis zum fertigen in der Rückentasche Frosch statt	einige Gastrotheca-Arten
Eientwicklung im Weibchen		
Entwicklung im Eileiter	Nährstoffversorgung durch Eidotter	Eleutherodactylus jasperi
	Nährstoffversorgung durch Sekrete	Nectophrynoides

Der Umgang mit dem Laich

Laich des Färberfrosches Dendrobates leucomelas.

Hat sich in Ihrem Terrarium ein Frosch-paar gefunden und ist auch in Fortpflan-zungsstimmung geraten, beginnen mit der erfolgreichen Laichabgabe oft die nächsten Probleme. Bei Froschlurchen, die ihren Nachwuchs am oder im Körper zur Entwick-lung bringen, kann man das betreffende Tier vorsichtshalber isolieren. Bei aquatilen Arten entfernt man die übrigen Beckenbewohner, bei außerhalb vom Wasser lebenden Arten kann man das „tragende" Weibchen in ein eigenes Becken überführen. Ist der Nach-wuchs geschlüpft, muss man ihn ebenfalls vom Weibchen trennen.

Elterntiere und Laich trennen

Züchtet man Froschlurche, von denen keine Brutpflege oder -fürsorge betrieben wird, sind nach dem Ablaichen Eier und Elterntiere zuerst einmal zu trennen. Denn häufig wird der Laich durch die Tiere versehentlich geschädigt. Viele Froschlurche stellen aber auch dem eigenen Laich oder den schlüpfen-den Kaulquappen nach. Es bieten sich zwei Möglichkeiten an:

1   Der Laich wird dem Terrarium entnommen.
2   Die Elterntiere werden in ein anderes Terrarium überführt.

Aufzuchtbehälter

Als Aufzuchtbehälter eignen sich kleine Aquarien und sogar Kühlschrankdosen sehr gut. Darin wird der Laich mit Originalwasser aus dem Aquarium oder Aquaterrarium oder in gleichwertiges, temperiertes Wasser überführt. Vor allem bei Massenlaichern ist eine Aufteilung des Laiches auf mehrere Becken erforderlich. Dadurch beugt man einer Verbreitung von Krankheiten auf den gesamten Nachwuchs vor, und es erleichtert außerdem die Arbeit.

Laich, der außerhalb des Wassers abgelegt wurde, wird mitsamt der Unterlage in den Aufzuchtbehälter überführt. Dabei sollte sich unter der Unterlage Wasser befinden, in das die schlüpfenden Larven dann rutschen können. Grundsätzlich sollte Laich, der außerhalb des Wassers abgelegt wird – auch der in Schaumnestern – in den Aufzuchtbehältern ständig einer hohen Luftfeuchtigkeit ausgesetzt sein.

Handelt es sich um frei zugänglichen Laich, kann dieser aus dem Wasser oder von der Oberfläche geschöpft werden. Zugänglich ist auch Laich, der auf Blättern oder in einem Schaumnest deponiert wurde. Klebt Laich dagegen an einer Unterlage und kann ohne Gefahr nicht entnommen werden, muss er eventuell erst einmal durch eine Haube o. Ä. geschützt werden.

Aufgaben für den Pfleger

Bei Froschlurchen, wie z. B. *Dendrobates*, *Epipedobates* oder *Phyllobates*, die ihren Laich betreuen und dafür sorgen, dass er nicht austrocknet, ist lediglich zu beobachten, ob die Elterntiere dies auch wirklich tun. Manchmal können junge Paare das noch nicht richtig. In diesem Fall – oder wenn es sich um besonders seltene Arten und ihren ersten Nachwuchs handelt – kann man den Laich ebenfalls entnehmen.

Die Entnahme des Laichs ist vor allem bei Höhlenlaichern manchmal schwierig, daher sind solche Höhlen so zu konzipieren, dass die Unterlage der Höhle (z. B. eine Petrischale) oder die gesamte Höhle (z. B. eine Filmdose) entnommen werden kann. Auch bei solchen Gelegen muss die Luftfeuchtigkeit hoch bleiben und das Gelege durch regelmäßiges Besprühen vor dem Austrocknen bewahrt werden. Keinesfalls darf man solche Gelege einfach in Wasser legen. Und man sollte „Höhlengelege" auch weiterhin abdunkeln. Dass man die entsprechenden Temperaturen ebenfalls bieten muss, dürfte selbstverständlich sein.

Ein männlicher Dendrobates auratus **auf der Suche nach einem Eiablageplatz.**

Tägliche Kontrolle

In allen Gelegen müssen die Eier unbedingt täglich kontrolliert werden, da sie dabei entweder nachgefeuchtet oder verpilzte Eier entfernt werden müssen. Verpilzte Eier sind gräulich und lösen sich meist rasch auf. Sie können entweder unbefruchtet gewesen sein, oder das Pilzmyzel wuchs von außen in das Gelege hinein. Gelege auf Eichen- oder Buchenblättern sind offenbar besser gegen ein Verpilzen geschützt. Das Gleiche gilt für Gelege in leicht angesäuertem Wasser (Torfaufguss, einige Eichenblätter oder Erlenzapfen in das Wasser legen).

Auf das Futter kommt es an

Für optimales Wachstum und eine gesunde Entwicklung der Larven muss ihnen ständig genügend Futter geboten werden. Denn das Erreichen der möglichen Endgröße bestimmt auch über die Größe der späteren Jungfrösche. Die Nahrungsaufnahme der Froschlurchlarven ist nicht einheitlich. Man kann je nach Art filtrierende, raspelnde und schabende Larven unterscheiden. Dies muss bei der Fütterung natürlich berücksichtigt werden. Neben dem richtigen Futter spielt auch das Wasser eine wichtige Rolle. Zur Aufzucht von Kaulquappen eignet sich härteres Wasser wesentlich besser als weiches. Der Grund: Für den Skelettaufbau müssen die Larven auch Kalk aufnehmen. Dieser ist in härterem Wasser natürlich in größeren Mengen enthalten als in weichem. Weiches Wasser kann z. B. durch zerriebene Sepiastückchen oder durch geringe Mengen Kalziumkarbonat etwas härter gemacht werden.

Filtrierende Larven

Das Filtrieren der Nahrungspartikel kennt man von den Larven der Krallenfrösche (*Xenopus*), aber auch von *Agalychnis*, *Megophrys* und *Phyllomedusa*. Sie besitzen einen Filtrierapparat, durch den sie feinste Nahrungspartikel aus dem Wasser filtern und herunterschlucken. Um dies besser bewerkstelligen zu können, besitzen diese Larven oft ein trichterförmiges Gebilde vor dem Mundfeld.
Als Futter für Filtrierer eignet sich vor allem grün veraltes Wasser aus Tümpeln (Wasserblüte). Außerdem können andere Algen und weiche Pflanzen durch ein feines Sieb gepresst werden. Zusätzlich kann man Brennnesselpulver, aber auch in sehr geringen Mengen Hefe oder Infusorienfutter (Zoohandel) verfüttern.
Die Futterpartikel dürfen jedoch nicht so groß sein, dass bei den Larven der Filterapparat verstopft. Dies führt unweigerlich zum Tod der Tiere.
Staubfeines Trockenfutter für Zierfische eignet sich auch für Larven, die Nahrungspartikel von der Wasseroberfläche filtrieren. Da diese Larven absinkendes Futter nicht fressen, ist bei allen filtrierenden Kaulquappen ein häufiger Wasserwechsel erforderlich, um die Wasserqualität konstant zu halten.

Raspelnde und schabende Kaulquappen

Bei manchen Arten sind die Larven zuerst einmal Filtrierer. Später, wenn sich bei ihnen Hornkiefer und Papillen gebildet haben, ändert sich auch die Art und Weise ihrer Nahrungsaufnahme.
Vor allem die raspelnde und schabende Nahrungsaufnahme ist bei Anurenlarven weit verbreitet. Sie besitzen hierzu eine recht kleine Mundöffnung mit Hornkiefern. Diese ist von einem Mundfeld umgeben, mit gewöhnlich mehreren Zahnreihen auf der Ober- und Unterlippe sowie Mundrandpapillen. Mit diesen raspeln oder schaben sie Algen, andere Pflanzen oder Pflanzenteile sowie Bakterienrasen von einer Unterlage. Das Mundfeld der Larven dient außerdem häufig als Bestimmungsmerkmal im Larvenstadium.

VERALGTE AUFZUCHTBECKEN Steht das Aufzuchtbecken an einer Stelle, an dem das Sonnenlicht einfallen kann, veralgt die besonnte Seite des Aufzuchtbeckens häufig und bietet den Larven eine gute Nahrungsgrundlage. Manche Pfleger, die sich auf Froschlurche mit einer solchen Ernährungsweise der Larven spezialisiert haben, lassen immer mehrere Aufzuchtaquarien in der Sonne stark veralgen, um stets genügend Nahrung zur Verfügung zu haben. Später können die Kaulquappen dann von Becken zu Becken gesetzt werden und sich von den Algen ernähren. Als zusätzliche Pflanzennahrung bietet man ihnen zuvor überbrühten oder kurz gefrorenen Salat, Gurken, Brennnessel, außerdem Wasserflöhe, Hüpferlinge, Mückenlarven, Tubifex und kleine Regenwürmer. Zusätzlich, aber nur in geringen Mengen, erhalten sie Zierfischtrockenfutter in Flocken- oder/und Tablettenform.

Wasserwechsel ist wichtig

Aufgrund des großen Nährstoffangebotes und des damit verbundenen intensiven Stoffwechsels kommt es in den Aufzuchtbehältern der Kaulquappen schnell zu einer Wasserverschlechterung. Deshalb gilt die Devise: Je mehr Wasser den Anurenlarven zur Verfügung steht, umso besser. Für Laubfroschkaulquappen (*Hyla*) sollte man etwa 1 l Wasser pro Larve rechnen, für empfindlichere Larven sogar 5 l pro Larve.
Bestimmte aggressive Dendrobatiden-Kaulquappen werden in kleineren Behältern am besten einzeln aufgezogen. Dabei ist mit

Kaulquappe des Färberfrosches Dendrobates leucomelas.

einer Wassermenge ab einem Viertelliter Wasser aufwärts zu rechnen, will man gesunde Frösche heranziehen. Auch bei ihnen ist in mindestens zweitägigem Rhythmus ein Wasserwechsel mit gleich temperiertem, sauberem Wasser erforderlich.

Wachstumshemmer

Ein weiterer wesentlicher Grund für den häufigen Wasserwechsel bzw. die Aufzucht weniger Larven in größeren Wassermengen ist ein Phänomen, das von einigen als Crowding-Effect (Gedränge-Wirkung), von anderen als „Population limiting factors" (PLF) bezeichnet wird.

Larven, die in einem zu dichten Besatz zusammenleben, scheiden im Stress Hemmstoffe aus. Diese Stoffe wirken auf andere Anurenlarven extrem wachstumshemmend;

sie magern immer mehr ab, verkümmern und verenden bald. In großen Aufzuchtbehältern, in denen das Wasser durch leistungsstarke Filter stets gereinigt wird, können sich diese Stoffe dagegen kaum auf die Larven auswirken.

GROSSE WASSERMENGEN Die effektivste Larvenaufzucht erfolgt also einzeln in größeren Wassermengen. Da dies manchmal kaum möglich ist, bereitet man mehrere gleichartige Aufzuchtbehälter vor. Dabei werden die Larven täglich mit einem Kescher abgefischt und von dem einen in den anderen Behälter mit frischem Wasser überführt. Anschließend wird der alte Behälter geleert, gründlich gereinigt und für den nächsten oder übernächsten Tag mit frischem Wasser gefüllt.

Aus Larven werden Frösche

Endlich ist es so weit. Die Kaulquappen haben kräftig entwickelte Hinterbeine, und ihre Vorderbeine sind durch die Hautfalte gebrochen. Das Ende der Metamorphose ist in Sicht. Nun beginnt die letzte Phase der Umwandlung, bei der sich die Larven von den Reserven ihres Schwanzes ernähren. Er wird immer kürzer, und bei landlebenden (terrestrischen) Anuren steht der erste Landgang kurz bevor.

Die Aufzucht jener Froschlurche fordert vom Pfleger viel Aufmerksamkeit. Dies gilt vor allem für Arten mit hoher Vermehrungsrate wie Kröten (*Bufo*), Laubfröschen (*Hyla*) und *Rhacophoridae*. Denn plötzlich hat man es mit sehr vielen Jungfröschen zu tun, die nicht nur mit Futter versorgt werden wollen. Suchen Sie deshalb rechtzeitig vorher nach Interessenten, die gern einige Frösche der betreffenden Art aufziehen möchten. Denn je weniger Sie zu versorgen haben, um so geringer ist auch die Gefahr, überfordert zu sein.

Jungfrösche können ertrinken

Der Schritt vom Wasser zum Land ist für einige Jungfrösche recht schwierig. Besteht kein einfacher Übergang vom Wasser zum Landteil, können die neuen Lungenatmer durchaus ertrinken. Ein leicht schräg gestellter Aufzuchtbehälter mit flachem Wasser kann bereits hilfreich sein, ebenso ein Becken mit einer Schicht aus feinem Kies, in den man eine nicht zu tiefe Mulde gedrückt und mit Wasser gefüllt hat.

Hygiene ist oberstes Gebot

Während der Aufzucht sind besonders hohe hygienische Erfordernisse notwendig. Denn

Kann der junge Australische Sumpffrosch am Ende der Metamorphose das Gewässer nicht leicht verlassen, besteht die Gefahr, dass er ertrinkt.

die Ausscheidungen, Futterreste und eventuell abgestorbenen Jungfrösche begünstigen eine Vermehrung von Bakterien, Pilzen und anderen Mikroorganismen. Dadurch verderben bei den häufig tropischen Temperaturen innerhalb kürzester Zeit die Luft und das Wasser. Außerdem wird die Verbreitung von Krankheiten und damit ein weiteres Sterben begünstigt.

Man muss die Aufzuchtbehälter für die jungen Froschlurche also so einfach wie möglich gestalten. Dabei sind lediglich die arttypischen Lebensbedingungen zu berücksichtigen. Gewöhnlich genügen als Bodengrund in der Mitte des Behälters einige Zentimeter hohe Platten aus Schaumstoff oder Stein (Insel). Die umgebende Fläche kann knapp mit Wasser bedeckt sein. Mögen die Frösche oder Krötchen Verstecke, sind ihnen diese durch halbrunde Korkeichenstückchen leicht zu bieten. Wichtig ist eine gute Lüftung, damit keine Stickluft entsteht.

Die vier Gliedmaßen sind fertig entwickelt, der Schwanz bildet sich zurück.

Ernährung der Jungfrösche

In dieser Phase ihres Lebens ist der Futterbedarf der Anuren enorm hoch. Außerdem
ist die Qualität des Futters entscheidend für
die gesunde Entwicklung und Kondition der
einzelnen Anuren. Daher kommt der Froschpfleger wohl kaum um eigene Futterzuchten
herum, es sei denn, er hat einen guten,
zuverlässigen und unerschöpflichen Futter-
züchter an der Hand.

Geeignetes Futter

Um möglichst unabhängig zu sein, trennen
Sie sich rechtzeitig von zu vielen Kaulquappen oder Jungfröschchen und betreiben Sie
von Anfang an umfangreiche Futterzuchten
( ab S. 81). Für die Jungfrösche kommen
nur winzige bis sehr kleine Futtertiere in Fra-
ge. Der Tabelle auf der nächsten Seite kann
man entnehmen, welche Kleintiere als Futter
geeignet sind.
Bestäuben Sie die winzigen Futtertiere unbedingt regelmäßig mit Vitamin- und Mineral-
stoffpräparaten. Am einfachsten schüttet
man die kleinen Futtertiere in ein Glas, streut
darüber im Wechsel etwas von dem Vitamin-,
bzw. Mineralstoff-Präparat und schüttelt das
Glas vorsichtig hin und her. Dabei werden die
Futtertierchen gut eingestäubt und können
nun auf die Insel im Aufzuchtbecken ge-
schüttet werden. Das umgebende Wasser
verhindert eine Flucht nicht fliegender Insekten, so dass diese auch nicht an den Wänden
hochklettern und den Jungfröschen entkom-
men können.

Ist der Aufzuchtbehälter verschmutzt, setzt
man die Jungfröschchen in einen ähnlich
eingerichteten sauberen Behälter.

Fütterung springender und kletternder Jungfrösche

Die geschilderte Methode funktioniert natür-
lich bei Jungfröschen springender und klet-
ternder Arten, denen man auch einige kleine
Kletterzweige und fliegendes Futter in das
Aufzuchtbecken geben kann, weniger gut.
Bei ihnen ist nicht nur auf den besonders

Färberfrosch Dendrobates leucomelas **am Ende der Metamorphose.**

INFO

Futterarten für Kaulquappen
- ▶ Frisches Eigelb (tropfenweise, vor allem für Dendrobates)
- ▶ Infusorien (Heuaufguss, LIQUIFRY 1 + 2 aus dem Zoohandel)
- ▶ Schwebealgen
- ▶ Algenrasen
- ▶ Feinfuttertabletten für Zierfische
- ▶ Feinfutterflocken (schwimmfähig)
- ▶ Trockenfutter (Hauptfutter) für Zierfische
- ▶ Giftfreier Salat, Löwenzahn, Brennnessel (vorher einfrieren oder überbrühen)

Futterarten für frisch geschlüpfte landlebende Jungfrösche
- ▶ Taufliegen (*Drosophila*), flugunfähig, verschiedene Arten und Formen
- ▶ Frisch geschlüpfte Grillen/Heimchen
- ▶ Mücken (Stech- und Zuckmücken)
- ▶ Kleine Stubenfliegen
- ▶ Mehlmotten und deren Larven
- ▶ Kleine Wachsmottenlarven

dichten Abschluss des Behälters zu achten. Auch der Zugang zum Behälterinnern muss z. B. durch Schiebescheiben so beschaffen sein, dass nicht bei jedem Öffnen Jungfrösche entwischen können.

Außerdem kann man bei diesen Arten am Boden und oben ein Gazefeld anbringen. Denn dann kann man Verschmutzungen im Innern des Behälters und auf der Einrichtung mit temperiertem Wasser von oben absprühen, sodass das verschmutzte Wasser unten ablaufen kann.

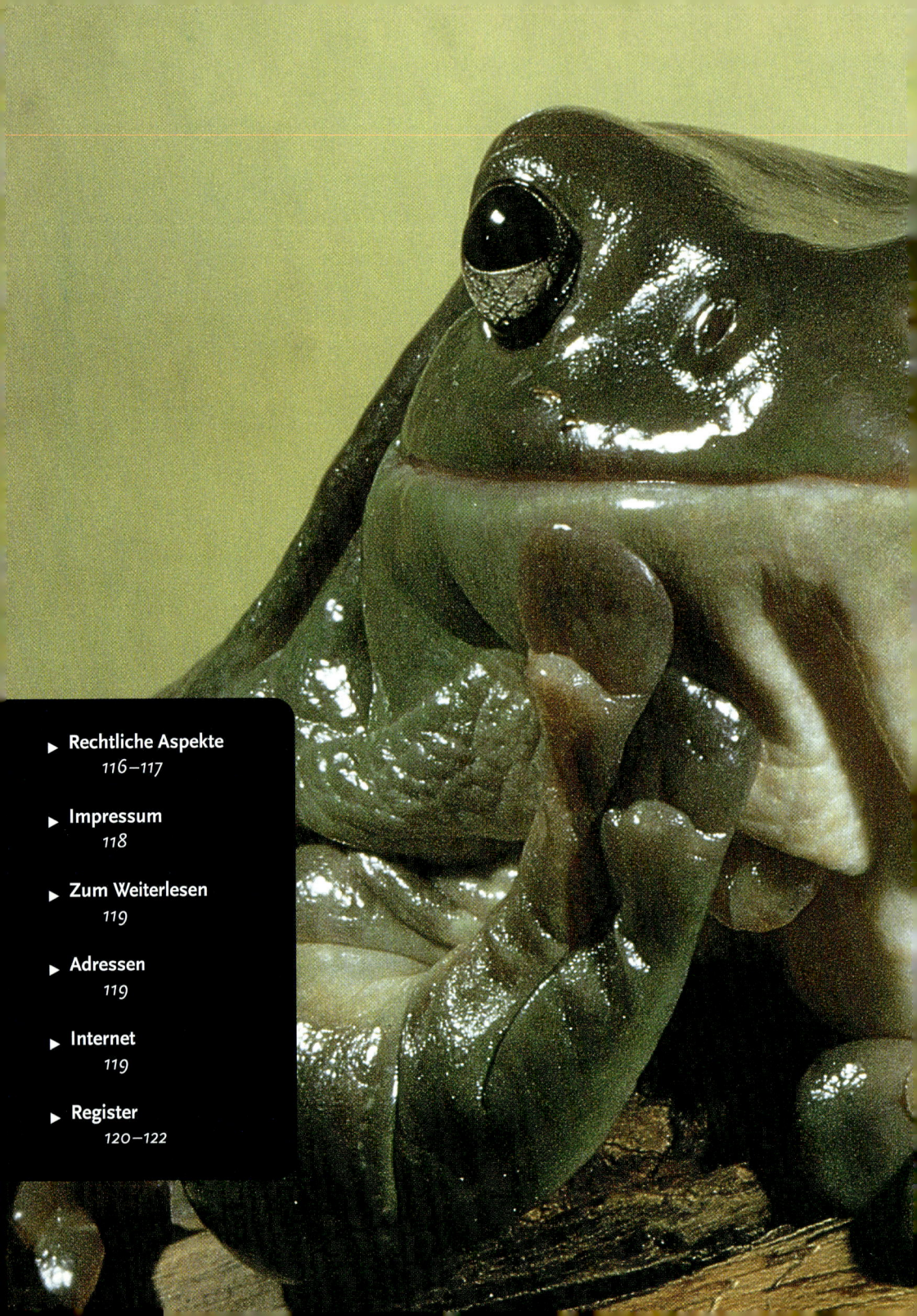

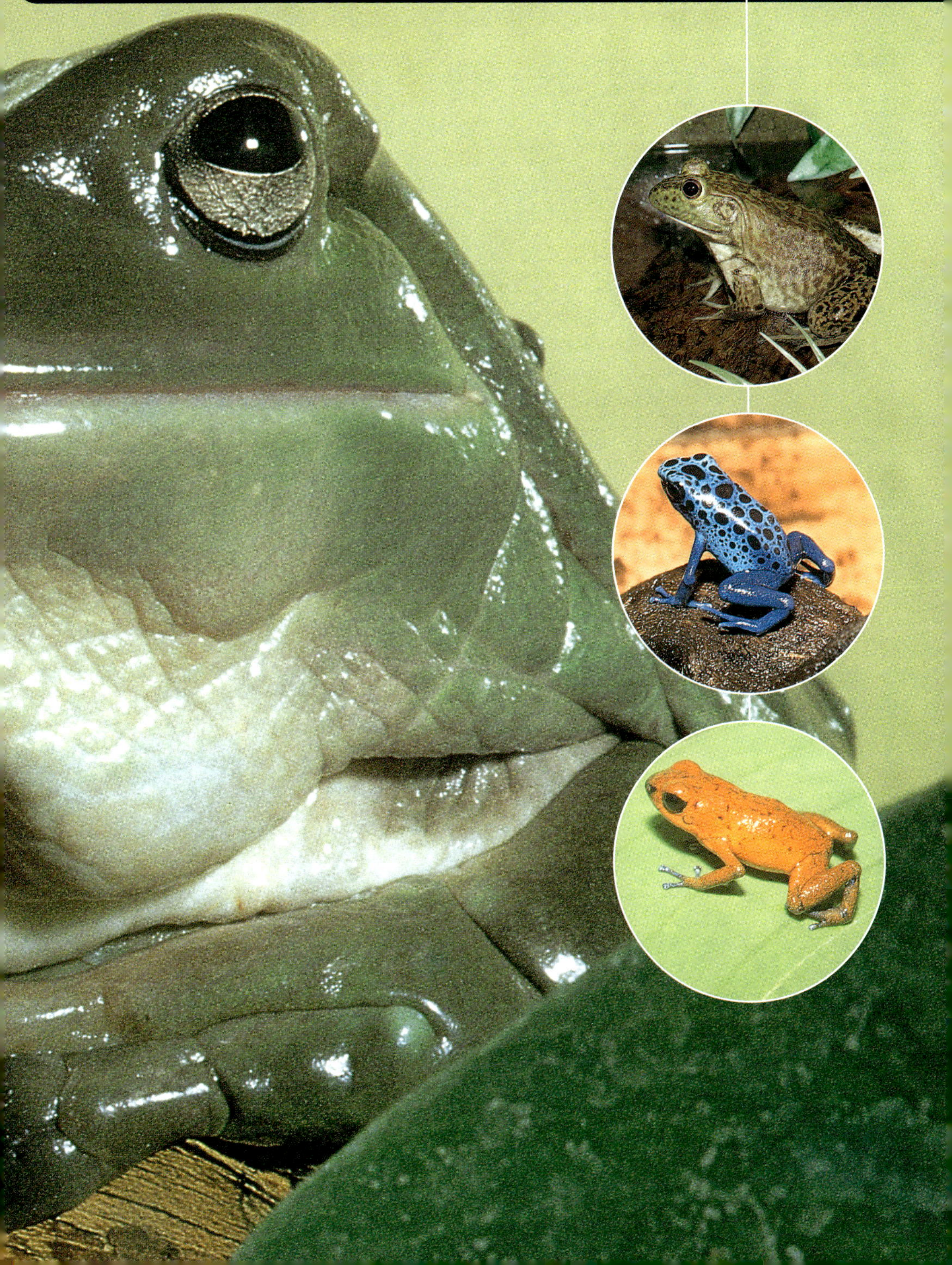

Bereits vor dem Erwerb von Froschlurchen sollte sich der zukünftige Halter mit den dann für ihn wichtigen Rechtsvorschriften befassen. Denn nicht nur Artenschutzgesetze müssen beachtet werden.

Artenschutz

Das Washingtoner Artenschutzübereinkommen regelt den internationalen Schutz der weltweit bedrohten Pflanzen- und Tierwelt. Dabei wurden auch verschiedene Froschlurche in die entsprechenden Schutzkategorien (WA I oder WA II) aufgenommen. Viele Anurenarten sind heute nach dem Washingtoner Artenschutzübereinkommen geschützt, das heißt, dass der An- und Verkauf ohne eine gesonderte Ausnahmegenehmigung erst einmal verboten ist.

Außerdem gelten in der Europäischen Union auch noch andere, zum Teil weiter gehende Verordnungen (EG 338/97, EG 939/97). Das bedeutet, dass man für alle darin aufgeführten Froschlurche entsprechende „Papiere" haben muss.

Vor dem Erwerb von Anuren ist es daher angebracht, sich bei der zuständigen Naturschutzbehörde zu erkundigen, welche Gesetze oder Verordnungen zu beachten sind.

Die derzeitige EU-Artenschutzverordnung vom 1. Juni 1997 unterscheidet den Gefährdungsgrad durch die Anhänge A, B, C und D (Reptilien und Amphibien).

Mietrecht

Hat der Vermieter im Mietvertrag nicht anders entschieden, so ist davon auszugehen, dass in der Mietwohnung die üblichen Heimtiere gehalten werden dürfen. Ob es sich bei Froschlurchen um typische Heimtiere handelt, wird immer wieder diskutiert. Da von Fröschen und Kröten aber keine starke Störung des Hausfriedens zu erwarten ist (es sei denn, sie äußern sehr laute und unangenehme Rufe: Störung der Mieter) und sie an der Wohnung keine größeren Beschädigungen verursachen können, benötigt der Mieter keine ausdrückliche Genehmigung durch den Vermieter.

Tierschutzgesetz

Auch Froschlurche sind artgerecht unterzubringen und zu halten, um nicht mit dem Gesetz in Konflikt zu geraten. Das bedeutet, dass nicht nur das Terrarium in seinen Ausmaßen ausreichend und mit den notwendigen technischen Geräten ausgestattet sein muss. Auch die Ernährung muss den heutigen Erkenntnissen entsprechen – und kranke Froschlurche sind unverzüglich einem Tierarzt vorzustellen!

IMPRESSUM

Bildnachweis

Farbfotos von: Frank Hecker (9: S. 48/49, 52, 61 o + m + u, 62 m + u, 63 o, 86);
Dr. Hans-Joachim Herrmann (1: S. 26 r);
Dr. Rudolf König (19: S. 4/5, 13, 25, 27 l, 32 r, 33 l, 37 r, 43 l, 60, 76/77, 78, 80, 84/85, 92, 100 104, 109, 113 114/115);
Wolfgang Mudrack (1: S. 47 l);
Dr. F. Sauer/Frank Hecker (3: 15, 16, 96/97).
Alle weiteren 95 Aufnahmen stammen von Manfred Rogner.

Alle Angaben in diesem Buch erfolgen nach bestem Wissen und Gewissen. Sorgfalt bei der Umsetzung ist indes dennoch geboten. Verlag und Autor übernehmen keinerlei Haftung für Personen-, Sach- oder Vermögensschäden, die aus der Anwendung der vorgestellten Materialien und Methoden entstehen können.

Informationen senden wir Ihnen gerne zu

Bücher · Kalender · Spiele
Experimentierkästen · CDs · Videos
Seminare

Natur · Garten & Zimmerpflanzen ·
Heimtiere · Pferde & Reiten ·
Astronomie · Angeln & Jagd ·
Eisenbahn & Nutzfahrzeuge ·
Kinder & Jugend

KOSMOS

Postfach 10 60 11
D-70049 Stuttgart
TELEFON +49 (0)711-2191-0
FAX +49 (0)711-2191-422
WEB www.kosmos.de
E-MAIL info@kosmos.de

Impressum

Umschlaggestaltung von eStudio Calamar
unter Verwendung von vier Farbaufnahmen von Manfred Rogner.

Mit 128 Farbfotos.

Die Deutsche Bibliothek – CIP-Einheitsaufnahme

Ein Titelsatz für diese Publikation ist bei der Deutschen Bibliothek erhältlich.

Gedruckt auf chlorfrei gebleichtem Papier

© 2001, Franckh-Kosmos Verlags-GmbH & Co., Stuttgart
Alle Rechte vorbehalten
ISBN 3-440-08900-2
Redaktion: Claudia Sträb
Gestaltungskonzept: eStudio Calamar
Gestaltung und Satz: Guido Schlaich
Produktion: Kirsten Raue, Markus Schärtlein
Printed in Czech Republic / Imprimé en République tchèque
Druck und Binden: Tesinska Tiskarna, a.s., Cesky Tesin

ZUM WEITERLESEN

BÜCHER

Dost, Uwe: Das Kosmos-Buch der Terraristik. Kosmos-Verlag, Stuttgart 2000.

Gruber, Ulrich: Amphibien und Reptilien. Kosmos-Verlag, Stuttgart 1994.

Hackbarth, Rolf : Krankheiten der Reptilien. Kosmos-Verlag, Stuttgart 1992.

Manthey, Ulrich & Wolfgang Grossmann : Amphibien & Reptilien Südostasiens. Natur und Tier-Verlag, Münster 1997.

Nietzke, Günther : Die Terrarientiere 1. Verlag Eugen Ulmer, Stuttgart 1989.

Nöllert, Andreas und Christel: Die Amphibien Europas. Kosmos-Verlag, Stuttgart 1992.

Stettler, Paul Heinrich: Handbuch der Terrarienkunde. Kosmos-Verlag, Stuttgart 1986.

van Kampen, Thomas: Grundkurs Terrarium. Kosmos-Verlag, Stuttgart 1997.

ZEITSCHRIFTEN

elaphe, Neue Folge-Zeitschrift der Deutschen Gesellschaft für Herpetologie und Terrarienkunde (DGHT) e. V. ISSN 0943-2485

herpetofauna, Zeitschrift für Amphibien- und Reptilienkunde, Postfach 1110, D-71365 Weinstadt. ISSN 0172-7761

Reptilia, Natur und Tier-Verlag, An der Kleinmannbrücke 39, 48157 Münster. Tel.: 0251-143953.

Salamandra, Zeitschrift für Herpetologie und Terrarienkunde. Hrsg.: Deutsche Gesellschaft für Herpetologie und Terrarienkunde e.V. Frankfurt a. M., ISSN 0036-3375

SAURIA, Hrsg.: Terrariengemeinschaft Berlin e.V., c/o B. Buhle Planetenstr. 45, D-12057 Berlin, ISSN 0176-9391.

ADRESSEN

Vereine und Verbände

Deutsche Gesellschaft für Herpetologie und Terrarienkunde (DGHT) e.V. DGHT-Geschäftsstelle Postfach 1421 Locher Straße 18 D-53351 Rheinbach (Briefpost) und D-53359 Rheinbach (Büroanschrift)

AG Anuren in der Deutschen Gesellschaft für Herpetologie und Terrarienkunde e.V. c/o Dr. Jürgen Beutelschiess Fritz-Schnelbögl-Str. 9 D-91220 Schnaittach Ralf Schmitt Holbeinstr. 14 D-45147 Essen

Herpetologische terraristische Vereinigung Österreich (HTVÖ) c/o Erich Brabenetz Portheimg. 1 RH 75 A-1220 Wien

Österreichische Gesellschaft für Herpetologie c/o Naturhistorisches Museum Burgring 7 A-1014 Wien.

SWISSHERP Dr. Beat Akeret Katzenruetistr. 5 CH-8153 Ruemlag

Untersuchungsstellen für Amphibien und Reptilien

Poliklinik für Vogel- und Reptilienkrankheiten Universität Leipzig An den Tierkliniken 17 D-04103 Leipzig

Tierklinik der Uni Halle Emil-Abderhalden-Str. 28 D-06108 Halle/Saale

Klinik und Poliklinik für kleine Haustiere Arbeitsgruppe für Heimtiere, exotische Tiere und Wildtiere Freie Universität Berlin Oertzenweg 19b D-14163 Berlin 37

Tierärztliche Hochschule Hannover Klinik für kleine Haustiere der Hochschule Bischofsholer Damm 15 D-30173 Hannover

Tierklinik an der medizinischen Fakultät der Universität München Veterinärstr. 13 D-80539 München

Institut für Zoologie, Fischereibiologie und Fischkrankheiten der tierärztlichen Fakultät Universität München Kaulbachstr. 37 D-80539 München

Niedergelassene Fachtierärzte und -ärztinnen für Amphibien und Reptilien

Adressen von Fachtierärzten und -ärztinnen können Sie bei den jeweiligen Landestierärztekammern erfragen und im Internet auf den Homepages der DGHT und der HTVÖ abrufbar.

Bundestierärztekammer Oxfordstr. 10 D-53111 Bonn

INTERNET

www.dght.de

www.froschnetz.de

www.htvoe.net

www.pfeilgiftfroesche.de

www.reptilien.de

www.swissherp.ch

KOSMOS